0~3岁婴幼儿

早期教育指南

逐月讲解0~3岁婴幼儿运动、语言、认知、情绪发展特点及早教方式方法

王书荃　罗　静　思　愔◎主编
支持单位：中国优生优育协会

中国妇女出版社

图书在版编目（CIP）数据

0～3岁婴幼儿早期教育指南 / 王书荃，罗静，思愔主编. -- 北京：中国妇女出版社，2020.9（2025.5重印）
ISBN 978-7-5127-1861-6

Ⅰ.①0… Ⅱ.①王… ②罗… ③思… Ⅲ.①婴幼儿－早期教育－指南 Ⅳ.①G61-62

中国版本图书馆CIP数据核字（2020）第071062号

0～3岁婴幼儿早期教育指南

作　　者：王书荃　罗　静　思　愔　主编
责任编辑：王海峰
封面设计：尚世视觉
责任印制：王卫东
出版发行：中国妇女出版社
地　　址：北京市东城区史家胡同甲24号　　邮政编码：100010
电　　话：（010）65133160（发行部）　　65133161（邮购）
网　　址：www.womenbooks.cn
法律顾问：北京市道可特律师事务所
经　　销：各地新华书店
印　　刷：北京通州皇家印刷厂
开　　本：170×240　1/16
印　　张：20
字　　数：300千字
版　　次：2020年9月第1版
印　　次：2025年5月第8次
书　　号：ISBN 978-7-5127-1861-6
定　　价：89.00元

本书编委会

主编

王书荃

中国教育科学研究院研究员、教授，国家高级心理咨询师。中国关心下一代工作委员会专家委员会委员，中国优生优育协会专家指导委员会委员，中国心理学会心理学标准与服务研究委员会常务委员，中国心理学会心理学普及工作委员会常务委员。主要著作有《中国婴幼儿身心成长指南》《婴幼儿的智力发展与潜能开发》《幼儿智力潜能开发》等。

罗 静

中国科学院心理研究所医学心理学博士，儿童发展心理学博士后。中国关心下一代工作委员会儿童发展研究中心科学早教专业委员会特聘专家、儿童安全教育专业委员会执行副主任，中国心理学会科普委员会委员，中国优生优育协会理事。主要著作有《教育总会有办法》《陪伴是更好的教养》《爱从懂孩子开始》《读懂孩子的敏感期》《探索着长大》等。

思 愔

中国科学院心理研究所儿童早期教育指导师，家庭教育高级指导师，国际注册音乐（奥尔夫）教育指导师，中国音乐家协会电子琴考级评委，NLP专业执行师，中国下一代教育基金会关爱母婴成长基金——育婴顾问公益培养计划课程总负责人。

编委

特别感谢

支持单位：中国优生优育协会、中国妇幼保健协会、中华预防医学会

视频拍摄：菲斯克（北京）体育科技有限公司

特别致谢：戴耀华、张思莱、钱志亮、储朝晖、柯小卫、古桂雄

前言
PREFACE

新生命的到来为家庭带来喜悦的同时，也带来了责任。俗话说："三岁看大，七岁看老。"现代科学证明，生命最初的1000天，对一个人未来的发展至关重要。

生命的旅途从受精卵形成就开始了。整个孕期，胎儿通过母体吸收着营养，感受着温暖的羊水环境和母亲心跳、呼吸的声音，身体各个器官和功能的发育也在这一过程中得以发展。

出生第1年，婴儿以令人惊讶的速度迅速发展，2岁时大脑重量是出生时的3倍。3岁时，孩子已经具备了基本的情绪反应，掌握了沟通所需的基本的语言能力。

可以说，0～3岁是孩子感官、动作、语言、智力发展的关键时期，是孩子身体和心理发展的奠基时期。但是，许多年轻父母在完全没有准备好的情况下，就匆匆担起了为人父母的重要角色。做父母需要学习，养育孩子的过程就是新手父母学习和成长的过程。父母如果具备了养育孩子必需的知识，就可以充分利用孕育生命和婴儿出生后头3年重要的发展阶段，给胎儿提供充足而均衡的营养，为婴幼儿提供尽可能丰富的适宜的外部刺激，帮助孩子充分发展。

父母既要懂得一些常用的护理保健的知识，又要掌握科学喂养的技巧，更重要的是要通过心理上的关怀和适宜的亲子活动，为孩子创造一个良好的人生开端，为其未来的发展奠定良好的基础。

教育要建立在对孩子了解的基础上。为人父母，我们要了解孩子为什么有这样或那样的行为，这些行为是自然产生的吗，它们与年龄有什么关系。我们还要了解什么年龄阶段的孩子应该或不应该有什么样的行为，这样我们才能在孩子特定的年龄阶段给予适宜的教育。

正是基于这一目的，我们撰写了《0～3岁婴幼儿早期教育指南》这本书。

本书的出发点有两个，一个是儿童自身发展的过程和特点，另一个是家庭环境对儿童发展的作用和影响。

全书分为六篇，首先是准备篇，在这一篇里我们将明确地告诉你什么是早期教育，早期教育的重要性以及早期教育的实施方法。

第一篇和第二篇分别是婴儿早期教育和幼儿早期教育。在这两篇，我们以年龄轴线为分段依据，以发展速度作为划分年龄跨度的依据。在婴儿篇，6个月以前，每一个月为一个阶段；6个月至1岁，分为三个阶段。在幼儿篇，2岁以前，每三个月为一个阶段；2～3岁，每六个月为一个阶段。每个阶段，我们分别从运动、语言、认知、情绪四个维度出发，系统、全面地向家长展示了0～3岁儿童生长发育的全过程，以及每个阶段的独特之处和家庭早教策略。每一阶段发展的独特之处，就是发展的重点，也是教育的重点。

在这个基础上，我们希望教会家长适时地、适宜地、适度地教育孩子的理念和方法，以促进孩子全面、健康发展。

第三篇、第四篇、第五篇重点谈家庭环境对儿童的影响，这三篇从三个角度讲述，每一角度自成一篇，分别是：第三篇重点讲婴幼儿生活习惯的培养；第四篇重点讲婴幼儿的启蒙教育；第五篇重点讲家庭关系对婴幼儿的影响 。

本书最大的特点是逐月讲解分析儿童在运动、语言、认知、情绪各方面发展的特点和教育方法。

我们希望这本书能够帮助家长掌握客观的育儿理念、科学的育儿方法、系统的育儿知识，从而帮助孩子在健康的环境中健康成长。

王书荃

中国教育科学研究院研究员、教授

国家高级心理咨询师

2020年6月于北京

目录
CONTENTS

准备篇　早期教育概述

第一篇 婴儿早期教育（0～1岁）

第二篇 幼儿早期教育（1～3岁）

准备篇

早期教育概述

早期教育的概念

什么是早期教育

儿童早期发展不等同于早期教育。早期发展强调的是，重视儿童生长发育的自然过程和条件。儿童的生长发育必须经历一系列自然的发育过程，如体格发育、认知发展、能力学习等。

早期教育是创造最好的环境，提供最充分的支持，促进这些过程的实现。如果说环境就是教育，身心成长的自然过程是发展，那么创造环境、提供支持以促进更好的发展就是教育。

我们可以通过科学喂养、健康保健来增强婴幼儿的体质；我们可以通过环境创设，有计划、有目的地训练婴幼儿的学习能力和社会行为能力。

早期教育的重要性

关注儿童早期教育具有多重效益，其效益不仅是个体的而且是社会的，不仅是即时的而且是终身的。儿童早期教育在使儿童充分受益的同时还可以为社会创造经济效益，给个体和社会带来高回报。具体理由如下：

一、儿童的发展具有累积性

从儿童发展特点来看，儿童的发展具有累积性，儿童小时候的发展是后期发展的基础。关注儿童的早期发展，越早开始，效果越好。科学的早期教育的结果体现在提高学习成绩，减少少年犯罪，给个人和社会创造较高的经济回报等方面。总之，一个人学业和事业的成功与否，很大程度上依赖于早年奠定的基础。

二、早期环境对大脑发展的影响具有长效性

儿童早年环境不仅影响其脑神经细胞数量的激活和联结，而且影响联结的方式。儿童出生后，其神经元有一个“突触发生”的过程，突触的发生形成了神经联系，即神经通路——网络。人的思维靠的就是这些神经联系。神经联系形成后，如果反复被使用，它们就会成为永久的联系；如果很少被使用，这些联系就会逐渐消退，我们称这个过程为“神经修剪”。

在儿童出生后，良好的环境（如健康、营养、照料、刺激以及与他人的互动等）对儿童脑功能的影响将一直延续到青春期。与缺乏良好的早期输入的同龄人相比，有良好的早期输入的儿童在许多方面将显示出早期发展良性的累积效应。

其实，“经验”对儿童发展是十分重要的。所谓“经验”，就是“做过的”“吃过的”，比如坐过公共汽车，这就是经验。经历过的就是经验。经验在神经联系中是举足轻重的。在生命的早期，若缺乏适当的刺激，儿童得不到形成神经联系时所需要的经验，很多神经联系将会消失。而丰富的生活环境，可以使儿童获得相应的可促进其发展的经验。

三、婴幼儿良好的情绪行为是健康人格的基础

现在一说到早期教育，家长很容易理解为学知识，比如认字、背唐诗、学外语等。其实，真正影响人一生的，是儿童早期的体格发育和情绪行为发育。

科学研究发现，人自身的许多问题都源于儿童早期。比如小学生的学习问题、大学生的抑郁问题、成人的精神问题以及不良人格等都与婴幼儿时期的教养环境有关系。

从孩子出生开始，我们就要给孩子充分的关爱。从小没有得到足够爱抚的孩子，很难懂得爱，也不会去爱别人。在没有尊重、没有关怀、没有欢乐的气氛中长大的孩子，个性将会扭曲，而且这会进一步影响孩子将来的学业和事业的发展，以致终生没有幸福感。

四、投资儿童早期教育具有潜在的高回报率

从经济学的角度来看，投资儿童早期教育具有潜在的高回报率。美国高瞻佩里（High/Scope Perry）学前项目对有、无早期教育的两组儿童的终身经济产出和各种社会成本进行估算后发现，经过早期教育的儿童投资回报是对照组儿童的7倍。

纵向研究表明，各种对儿童的早期干预都具有长效性，效果体现在儿童不易生病、更好养育，节省了家庭和社会在个体学业、就业上的开支，降低了因失误、吸毒、犯罪等导致的经济损失，避免或延缓了儿童在发展中出现的问题，提高了终身的经济产出。

五、有助于减少经济和社会上的不平等

关注儿童早期教育可以缩小环境条件好的与环境条件不好的儿童在发展上的距离，减少差异，有助于减少经济和社会上的不平等。事实表明，来自困难家庭的儿童、残疾儿童比其对照组儿童更易从儿童早期教育中获益。因此关注儿童早期发展不仅可能造就超常儿童，更为实用的是可以使普通儿童更聪明，并有助于心智不佳儿童的康复与发展。

关注儿童早期发展，更好地开展早期教育，可以使问题儿童的早期发现和干预成为可能。对弱智儿童的早期发现、早期干预，可以提高他们的发展水平，降低弱智的实际百分数，甚至减少特殊教育的投入。

总之，在全球竞争激烈的今天，一个身体、心智、社会和情感发展良好的个体，相比一个这些能力没有得到发展的个体，在各方面都更有机会处于更有利的地位，在经济上会为家庭、社区和国家做出更多的贡献。

联合国教科文组织发布的《全民教育全球监测报告》也指出幼儿教育具有独特的个体和社会发展价值，因为“人类大脑的实际构造是由出生后的经验而不是由遗传所决定的”，“幼儿的早期经验可极大地影响脑部复杂的神经网络结构”，“遗传提供的是基础，生活体验塑造的是精神与灵魂”。所以，早期教育本质上是对大脑潜能的开发，是促进儿童早期发展的有效途径之一。

0～3岁早期教育的目标和重点

0～3岁早期教育的目标

0～3岁早期教育的核心目标

0～3岁是人生整个教育的起点。为了保证最终教育目标的实现，这一时期教育的核心目标是，促进孩子的心理构建和心理拓展，使孩子身体、心理健康地发展，从而为接受进一步的教育打好基础。

0～3岁早期教育的阶段目标

人生每个阶段的变化，都体现在生理、认知和情绪社会化等几个方面。

0～1.5岁是身体和大脑迅速发展的时期，要保证孩子运动、知觉、智力的发展和与他人的亲密关系。

1岁半至3岁是“游戏开始的年龄”，孩子的运动技能日益精细，思维、语言飞速发展，形成了自我意识。这时，我们要教会孩子恰当表达情绪。

父母是早期教育的主要执行者，因此要了解孩子在这个阶段的发展特点，读懂孩子的行为表现，与孩子建立良好的亲子关系，提高孩子的适应能力，培养孩子良好的个性，帮孩子养成良好的行为习惯，为入园甚至入学做好准备。

0～3岁早期教育的重点

教育建立在对孩子了解的基础上，比如要了解孩子为什么有这样那样的行为，这些行为是自然产生的吗，它们与年龄有什么关系。我们更要了解什么年龄的孩子该有什么样的行为。以年龄特点为依据的环境创设是早期教育的重点。

0～3岁早期教育的内容

心理学家认为，人类发展的模式是生理发展过程、认知发展过程和社会情绪发展过程相互作用的产物。本书将以上三大方面具体划分为四个领域，那就是运动、语言、认知和情绪社会化。认知在婴幼儿时期，主要表现为儿童对无生命的物体的反应。情绪社会化则是儿童对有生命的个体的反应。促进儿童的发展就是要促进儿童运动、语言、认知、情绪社会化的发展。可以这么说，这些既是早期教育的依据，也是早期教育的基本内容。

运动

营养和睡眠是关乎体格发育的重要因素，运动则是促进体格发育乃至整体发育的重要内容。提高运动技能是早期教育的主要内容之一。

语言

语言包括语言的理解和语言的表达两个方面的内容。从一出生的“哭”到咿呀学语，到动作、手势表达，到会说单音字、多音字、简单句，到会说复杂句，这是语言表达的发展过程。识别声音、明白词义、听懂指令等则是语言理解的发展过程。语言的发展与智力和社会性的发展息息相关，因此是早期教育的重要内容。

认知

从感觉到知觉到认知，是个体的思维水平发展变化的过程。婴儿从对声音、光亮有感觉，到开始注视床上方悬挂的活动物体并试着去抓握，再到寻找被遮盖起来的物体，甚至学习数数等都反映了认知发展的过程。这一切都是在对实物的反应中获得的。因此，认知的发展，至少在儿童早期，我们视其为对物的反应。

情绪社会化

情绪社会化包括个体与他人关系的变化、情绪和个性的发展，可以说是对人的反应。婴儿以微笑回应母亲的爱抚，小男孩攻击他的玩伴，小女孩对人甜美地一笑，都体现了情绪社会化的发展。情绪社会化的发展，至少在儿童早期，我们视其为对人的反应。

运动、认知、语言和情绪社会化的发展是交互作用的，任何一个行为的出现，都是这些方面共同作用的结果。将每一个方面单独提出，只是为了更好地理解儿童的行为表现，同时也便于论述和操作。上述的每一方面都是教育的主要内容。

0～3岁各年龄段早期教育的重点

为了便于家长学习与应用，根据年龄越小发展变化越快这一特点，6个月之内的婴儿，我们将每1个月作为一个年龄阶段进行分析；6个月至1岁的婴儿，我们将分3个年龄阶段进行分析；1～2岁的幼儿，我们将每3个月作为一个年龄阶段进行分析；2～3岁的幼儿，我们将每6个月作为一个年龄阶段进行分析。这样算下来，对于0～3岁的婴幼儿，我们将划分为14个年龄阶段进行分析。

每个年龄阶段的内容都是互相衔接的，这样就构成了一个0～3岁婴幼儿发育的完整系统。

每个年龄阶段的动作、语言、对物的反应、对人的反应等这些内容贯穿儿童发展的始终。在不同年龄阶段，这些方面表现出的形式及发展速度可能不同。每一阶段发展的独特之处，就是发展的重点，也是教育的重点。

运动

肢体动作作为儿童发展和教育训练的重点，0～3岁每一年龄阶段的重点分别如下：

1～3个月：从定位到对称是3个月以内婴儿动作发展的重点。

4～6个月：对称和直立是4～6个月婴儿动作发展的重点。

7～9个月：转体和移动是7～9个月婴儿动作发展的重点。

10～12个月：站立和行走是10～12个月婴儿动作发展的重点。

1～2岁：走、蹒跚地跑和力量发展。

2～3岁：各种技能技巧和力量发展。

肢体动作是一条主线，贯穿于儿童发展的始终，每一年龄阶段都有具体的促进任务。

语言

0～3岁婴幼儿时期，每一年龄阶段的听说发展特点和教育重点如下：

0～1岁：语言产生的准备阶段。

0～2个月：反射性发生阶段。

4～6个月：咿呀学语阶段。

9个月：咿呀学语达到高峰。

1岁左右：会叫爸爸、妈妈。

总体来讲，0～1岁是理解语言的准备阶段。

首先是语音知觉。新生儿可以感知语音，1～2个月婴儿能区别语音，3个月婴儿能辨别母亲的声音。

其次是词语理解。8～9个月婴儿开始懂得一些词语；1～1.5岁幼儿，在理解为主的阶段，逐渐能听懂话；1.5～3岁的幼儿，开始表达，开始积极学习说话。

语言能力发展贯穿儿童发展的始终。对小婴儿来说，语言就是日常听说活动。

环境对语言发展的影响很重要。有意地创设环境，让孩子多做听说活动，是一种重要的教育方法，可有效地促进语言能力发展。

对于运动和语言的外在表现，我们可以称其为孩子的一般行为。一般行为具体包括身体姿势、位置定位、动作协调、听说活动等。

对物的反应

婴幼儿时期的认知发展主要表现在婴儿对现象的探索。这种探索行为集中在对“物体”的视觉反应上，具体包括空间知觉、大小的概念、几何图形、颜色认知、注意和记忆等。不同年龄阶段发展和教育的重点如下：

1～4个月：视觉、听觉、触觉等感觉与动作配合，主动寻找环境中的刺激，如追视移动的物体、吃手指、抓东西等。

4～8个月：重复自己的动作，使感兴趣的结果持续发生，如不停地碰触悬挂着的小玩具，因为他对小玩具的晃动十分感兴趣；努力寻找被藏起来的物品，发现物体是永存的。

8～12个月：学习解决问题的方法，如用小棍去够拿不到的东西。这是真正的智力行为的开始。

12～18个月：通过尝试发现解决问题的方法，如不断地尝试着要将小木棍通过小孔插进容器里。

18～24个月：产生了心理表征能力，可用顿悟的方式解决感觉运动问题，如打开盒盖取出东西；绕过障碍物取物等。这是认知发展的一个里程碑。

24～36个月：开始发展表象思维，感知觉能力有了提高，认知能力迅速发展，尤其是思维能力有长足发展。这一阶段可通过图形认知、分类、比较、想象等增强儿童的空间、时间概念。

对物的反应，包含的线索比较多。我们可以通过皮亚杰的认知发展理论进行梳理。儿童通过对现象的探索，促进了感知觉，认知，时间、空间概念，注意与记忆以及思维能力的发展。因此对物的反应可称为

“探索活动”。

对人的反应

婴幼儿时期的人际交往主要表现在对自我行为以及他人行为的学习和模仿上，如生活自理、情绪管理以及与他人的交往等。良好的行为模仿和学习，是早期教育的重要内容。不同年龄阶段发展和教育的重点如下：

0～1个月：趋向愉快的刺激，回避不愉快的刺激。

2～3个月：出现社会性微笑，能对成人的面部做出反应。

3～5个月：能用大笑来回应大人的逗乐行为，能将声音与面部表情传达的情绪匹配。

6～8个月：可初步进行情绪调控，出现愤怒、恐惧等情绪，同时出现怕生、依恋和焦虑行为及情绪，把养育者当作探索环境的安全基地。

8～12个月：理解他人情绪的能力有了提高，已会识别情绪，面对滑稽的表情会大笑。

18～24个月：出现更多情绪反应，如羞愧、尴尬、内疚、自豪等；表述情感的词汇迅速发展；情绪表达和调节能力有了提高，知道别人的情绪与自己的情绪可能不同，出现了共情。

24～36个月：自我意识开始形成，出现占有感和叛逆行为。

情绪发展是与人的交往能力的核心，贯穿儿童发展的始终。人一出生便有了基本的情绪表现。这种情绪表现被称为原始情绪模式。在人的一生中支持其情绪发展，并影响一个人终生的情绪基础是，人的气质和早期回应性反应中安全感的获得。在这一基础上，培养孩子的情绪管理能力（比如，如何认识和理解自己和别人的情绪，如何表达以及如何调整自己的情绪），是培养良好的人格，促进情绪发展的重要内容。

0～3岁儿童早期发展规律

婴幼儿的身心发展水平取决于神经系统发育水平，而神经系统发育水平则会通过基本行为表现出来。经过多年的研究，人们把儿童的行为分为运动、语言、认知和情绪社会化四大部分，每一部分称为一个领域。这些领域构成了婴幼儿早期发展的全部内容。我们必须充分了解婴幼儿早期发展的特点，继而创造适宜婴幼儿生长特点的环境，才能促进婴幼儿更好地发展。

0～3岁运动发展规律

0～3岁婴幼儿的运动，是指他们力图尝试自由地控制自己的身体以便达到某种目的。这里的运动包括俯卧时的抬头，触手心后的抓握，自然而然出现的坐、立、行、跑、跳、摇动、摆弄、拇食指对捏、握笔乱画等。这些运动能力表现在动作的发展上，不仅与婴幼儿整个神经、心理的发展密切相关，而且在某种程度上标志着婴幼儿心理发展的水平。婴幼儿的这种发展具有一定的时间顺序和客观规律。

1.由首至尾。孩子最先学会的是头部的动作，如抬头、转头，然后是俯撑、翻身、坐和爬等躯干动作，接着是使用手和臂，最后是直立、行走和跑跳等腿部和足部的运动。

2.由近及远。孩子最早发展的是身体中部的动作，如头和躯干的动作，然后是双臂和腿有规律的动作，接下来才是手指的精细动作。总之，越远离躯干的部位，动作发展越迟。

3.由粗到细。孩子一般先学会运动幅度较大的动作，如全身舞动、腿和手臂的大肌肉动作，然后才逐渐掌握手和脚的精细动作，如拍球、使用剪刀、搭积木等。这表明婴幼儿动作发展遵循从最初的整体性、全身性向局部化、专门化过渡的规律。

4.由无意向有意。孩子动作发展的规律不可避免地将服从其心理发展的规律，会从无意向有意发展，即动作的发展越来越多地受心理、意识支配，如绘画能力从早期的乱涂乱画，逐渐发展到准确地画点、线，甚至有意识地描摹实物或别人的画。

5.由泛化到集中。孩子出生后的动作发展会从泛化的全身性动作向集中的专门化动作发展。孩子最初的动作是全身性的泛化动作，是笼统的、无规律的。例如，新生儿在受到疼痛刺激以后会哭闹，并伴有全身活动。而在新生儿期后，婴儿的动作逐渐分化，开始向局部化、准确化和专门化的方向发展。

0～3岁语言发展规律

人的语言发展不是从会说话的那天开始的，儿童自呱呱坠地起便开始学习语言。从出生到1岁半左右的语言学习，为儿童正式的语言运用做好了准备。可以说，出生后的第一年是儿童言语发生的准备阶段，我们称这一阶段为前言语阶段。

儿童的前言语阶段，是语言获得过程中的语音发展核心期。这期间，围绕语言最外在的实际显现——语音，儿童发展了三方面的能力，即前语音感知能力、前语言发音能力和前语言交际能力。这三方面能力的获得，使儿童得以进入下一个运用语言去学习和交往的阶段。

在前言语阶段，儿童感知语音的能力是他们获得语言的基础。应当说，正常儿童在这段时间内不仅能够听到声音，而且还能以某种能够帮助自己学习语言的方式去感知语言。除了大量地获得感知语言的经验以外，在出生之后的一年时间里，儿童学习语言的进程将开启另一个重要阶段——前言语发音。儿童尝试掌握本民族语音的发音能力，是他们为正式使用语言与人交往所做的重要准备。前言语发音是指儿童正式说话之前的各种语音发声，类似于说话之前的语音操练。

3岁前儿童语言的发展，是一个连续的、有次序的、有规律的过程，也是一个不断地由量变到质变的过程。这里所指的婴幼儿语言的发展是指婴幼儿对母语的理解和表述能力的发展。母语往往是人们掌握的第一语言。在婴幼儿期，除非有严重的语言学习障碍，一般婴幼儿均能成功地学会母语口语。

婴幼儿语言发展既有普遍性又有差异性，主要受先天和后天因素的制约。成人要细心观察和了解婴幼儿语言发展的特点和状况，制订符合婴幼儿语言发展特点、可促进婴幼儿语言在原有水平上不断提高的教育方案。

成人最好引导婴幼儿用语言表达自己的要求，给孩子提供讲话的机会，让孩子循序渐进地学习讲话，更要多给孩子鼓励和奖赏，诱导孩子“输出”语言，切忌“包办代替”。

0～3岁认知发展规律

孩子一出生，就要去了解、适应这个陌生的世界。小婴儿阶段，孩子不仅仅有反射动作，还表现出了动作与感觉的协调，比如：当他看见在眼前移动的红球，眼睛就会追随红球移动；当他听到悦耳的或熟悉的声音，就会去寻找。通过感觉器官去发现，通过动作与感觉的协调去寻找，这就是认知的开始。

婴幼儿的感知过程是这样的，先是依靠眼、耳、鼻、舌、皮肤等感觉器官去接受刺激、收集信息，然后通过中枢神经将接收到的各种刺激和信息转变为视觉、听觉、嗅觉、味觉和触觉等知觉，最后再通过中枢神经系统进一步将知觉整合成为感知。而认知能力的发展，是完全建立在感知能力长足发展的基础之上的。婴幼儿用手去摆弄物体、抓握物体，这就是通过触觉去感知、去认识。婴幼儿的认知能力发展与手的精细动作和手眼协调密切相关，比如用手触摸看到的物体、使用简单的工具，用手的运动增长经验，用手表达意思，等等。因此强化手的精细动作的训练可以促进认知能力的发展。可以说，个体用手操作事物的能力也是认知能力发展的基础和重要组成部分。在婴幼儿时期，或者说在神经组织形成时期，感觉刺激非常重要，它可以促进神经通路的发展。

1岁左右的婴幼儿，已经知道使用一些方法去获得想要的物品，也就是说知道了方法与目的之间的关系，例如他们可以用一根小棍去够用手拿不到的东西。至少在1.5岁时，幼儿已能使用具有自身特点的行为模式来探求外界事物。

此外，成人如果能用语言帮助儿童将他们通过感觉器官收集到的信息表达出来，甚至将儿童的各种感官印象联系起来，也可大大提高儿童的认知能力。因为将感官获得的经验与语言联系起来，这是内联想的基础，也是儿童将来智力发展的基础。

0～3岁情绪发展规律

0～3岁婴幼儿的情绪问题，是个有趣而神秘的话题。长期以来，心理学家和哲学家都在为“什么是情绪”争论不休，但大家都有一个共识，情绪是一种心理状态，它会引起我们身体上的变化。例如，害怕的时候，我们的肌肉会紧绷，心跳会加速。而且情绪与我们的想法有关，例如，当我们认为孩子在故意胡闹的时候，我们就会生气；如果我们只是觉得他们很调皮，我们可能还会因为他们的可爱而充满幸福的感觉。

情绪很奇妙，人一出生就具有情绪，每个人都有。

达尔文认为，人与生俱来就有一些不同的情绪表现，这些情绪表现可以从几种可分辨的脸部表情和行为表现出来，例如兴趣、快乐、惊讶、害怕等。我们在新生儿身上就能看到这些情绪表现，因此我们可以认为这些情绪是与生俱来的。我们甚至可以称这些情绪模式为原始的情绪模式。有证据显示，全世界的新生儿都具备这些情绪表现，这说明这些情绪模式基本上是全人类与生俱来的。

情绪与行为的关系是密不可分的。情绪是一种心理现象，具有内在性，通过外部形态表现出来，就是行为。行为是可以观察到的，是情绪的外在表现。比如，如果一个婴幼儿经常吸吮手指，那么他的内心有可能正处于孤独状态。

良好的行为，建立在情绪调控基础之上，其正常发展既与先天遗传有关，又必须在后天与人交往及社会生活中得到培养。如家长对婴儿的需求要给予及时的回应，要教孩子识别人的各种面部表情、肢体语言，帮孩子学习一些表达情绪的词汇并试着将自己的感受说出来，等等，这些都有利于孩子良好情绪的培养和情商的提高。

第一篇

婴儿早期教育（0～1岁）

第1个月

第1个月运动发展特点与教育

发展与规律

新生儿具有无条件反射的能力，如觅食反射、吮吸反射、吞咽反射、握持反射、迈步反射等；出生后几天就可以俯卧，俯卧时有本能的挣扎；半个月时，俯卧时可左右转动头部；到满月时，能在俯卧时稍微抬头。

特点与兴趣

对有声响、色彩鲜艳的玩具感兴趣。

方法与促进

1.0～1个月的新生儿有一定的运动能力。为了锻炼新生儿头颈部的肌肉，有时可以将新生儿抱起，使头稍稍竖立，或在俯卧位练习抬头和爬的动作。平时，要多给予孩子感官（视觉、听觉、触觉等）刺激，但是注意不要影响新生儿的呼吸。

2.让新生儿的生活和运动逐渐有规律，如每天俯卧3～5次，一次1～2分钟。

3.在温度适宜时，可将新生儿的衣服或包被松开，使新生儿的四肢有一些主动的、自由的活动。

4.如新生儿将手伸到嘴里吮吸，不要着急，这是新生儿出于安全的需要，也是新生儿健康的标志。

5.可以将一些能发出柔和声响的玩具或颜色鲜艳的玩具挂在新生儿床头上方，吸引新生儿听和看。要经常更换玩具以及悬挂位置，以锻炼新生儿的注意力。

游戏推荐

游戏一：头儿抬抬

游戏目标：让孩子练习抬头

游戏准备：平坦舒适的床或垫子，能发出声响的小铃铛或其他玩具

游戏过程：将孩子俯卧放好，看护人用声音或小铃铛引逗孩子抬头，如：“宝宝，我是妈妈，我在这儿。”“宝宝，听听，这是小铃铛的声音。”

温馨提示：

1.孩子还小，每次玩的时间要短，1分钟左右为宜。孩子完成后，看护人要抱起孩子亲亲，给予鼓励。

2.做完游戏后可以让孩子仰卧一小会儿，还可帮助孩子活动一下四肢和躯干，使孩子全身得到运动。

游戏二： 抓抓握握

游戏目标： 刺激、强化孩子的抓握反应

游戏过程： 孩子清醒仰卧时，看护人把自己的食指放到孩子的一只手心里，对孩子说："手指点点，小手握握。"看孩子的反应，孩子握住了，就夸奖孩子："宝宝的小手真灵活。"如果孩子没握，看护人可以帮助孩子握住自己的手指。

可配合儿歌：

手指点点，小手握握。
抓抓握握，小手灵活。

温馨提示：

1.在孩子情绪愉悦、稳定的时候进行游戏。

2.可以用玩具逗引孩子抓握，以增加孩子玩游戏的兴趣。

第1个月语言发展特点与教育

发展与规律

胎儿在妈妈体内就可以听辨语音。孕期13周时，胎儿能听到妈妈身体各种器官发出的各种声音，比如血流的声音、心脏跳动的声音等。在孕期第16周时，胎儿能听到妈妈身体外的声音。在孕期第32周时，胎儿能记住听过的音乐。出生后如果听到熟悉的曲子，新生儿会变得很安静。胎儿对声音的辨别与记忆能力为他们出生后学习语言奠定了基础。

新生儿首先能够辨别语音和其他声音。如果周围有人说话或者有其他声音，出生12天的新生儿会用目光注视，如果正在吮吸奶嘴，他们极有可

能停下来想听听周围发生了什么。这意味着他们可以感知语言了。这也表明他们能区分语音和其他声音了。

不仅如此，新生儿还能辨别不同的语音。出生24天的新生儿能够对男人的声音和女人的声音、抚养者（如父母）的声音和不熟悉的人的声音做出明显不同的反应，他们更喜欢父母的声音。有研究发现，胎儿在母体里就能区分母语和外语，出生后他们更喜欢听母语。

新生儿伴随哭声来到这个世界。哭声是人类最初的语言。此后，他们主要通过哭声来和外界沟通，向爸爸妈妈传达他们饿了、渴了或是有别的不舒服了的生理需求。

特点与兴趣

尽管还不会说话，但是新生儿很喜欢和外界沟通。不足1个月的新生儿，能够用哭声表达他们的各种需要。可以说，哭是新生儿最初的交际手段。当他们听到成人讲话时，他们的头、手、脚、胳膊都会随着成人讲话的语音而变化，这表明他们有和外界沟通的愿望。

新生儿最喜欢听妈妈的声音。当他们哭闹时，听到妈妈的声音，他们很快就能安静下来。如果新生儿正看着妈妈的脸，却听到了其他人的声音，他们会很紧张。只有妈妈的声音和脸庞一致，他们才会表现出平和的状态。

方法与促进

1.新生儿有沟通的意愿，喜欢听妈妈的声音，妈妈应该尽量多地和新生儿讲话。多和新生儿讲话，能够促进他们听觉系统的发展，让他们学习到更多的语音和词汇。日常生活中，可以给新生儿指认家庭成员、日常用品，在照料新生儿时和他们聊聊爸爸妈妈正在做的事情，比如：“宝宝，妈妈现在在给你洗澡。”“宝宝，妈妈给你揉揉小脚。”还可以给新生儿念节奏感强、韵律感强的儿歌，帮他们熟悉语音。

2.爸爸妈妈要及时回应新生儿的哭闹。哭泣是新生儿与外界沟通的主要手段，用来表达各种需求。新生儿一般通过哭泣吸引成人的关注，获得及时的照料。及时回应能够让新生儿学习到一种非常重要的沟通技能——应答，这是与人正常沟通的基础。所以对于新生儿的哭泣，回应要及时。

游戏推荐

游戏一： 看一看，说一说

游戏目标： 给孩子语言刺激

游戏过程： 看护人把孩子抱起来，和孩子说话，或给孩子唱歌，比如：“你叫什么名字呀？”“你是男孩还是女孩呀？”“现在妈妈抱着你，舒服吗？”看护人要边说边与孩子做眼神交流，观察孩子的反应。也可以念儿歌给孩子听。

可配合儿歌：

小宝宝，张嘴巴，和妈妈，说说话。
小宝宝，眼睛大，看看我，是妈妈。

温馨提示：

1.看护人要多和孩子说话，多做眼神交流。孩子非常专注时，可以多做此类游戏。也可以用伸舌头、噘嘴巴等动作逗引孩子。

2.对孩子的哭闹要及时做出回应。

游戏二：妈妈的脸

游戏目标：对孩子进行及时、反复的视听刺激

游戏过程：在孩子清醒的时候，让他仰卧在床上，看护人和他面对面交流。看护人握住孩子的小手，分别触摸自己的鼻子、眼睛、嘴巴、耳朵等，同时亲切地告诉孩子相应部位的名称，比如："这是妈妈的鼻子。""这是妈妈的眼睛。"交流时注意多和孩子做眼神交流。

温馨提示：

1.和孩子交流时，距离以20～30厘米为宜，太远不便于宝宝视听。宝宝喜欢看人脸，特别是妈妈的笑脸；也喜欢被人抱起来做游戏。

2.看护人要注意观察宝宝的情绪，在宝宝情绪稳定的情况下，可以反复玩类似的视听游戏。

第1个月认知发展特点与教育

发展与规律

胎儿在母体内已经发展出了一定的感觉能力，这些感觉能力为他们出生后感知外部世界奠定了基础。所以，新生儿具有较好的感觉能力。

视觉

视觉是婴幼儿认识世界最重要的感官之一。出生1个月的新生儿只能看清距离眼睛20厘米左右的物体。妈妈喂奶时，妈妈的面孔与孩子的面孔的距离正好在这个范围之内，因此喂母乳时是孩子与妈妈建立亲密依恋最好的时机。

听觉

孩子出生后不仅能听到声音，还可以区别语言和非语言，区别不同的语音。这是在为以后学习语言做准备。

嗅觉、味觉和触觉

孩子一出生就具有嗅觉、味觉和触觉。他们可以区分自己妈妈的乳汁和其他人的乳汁，天生喜欢甜味。当妈妈的乳头接触到他们的嘴或面颊时，他们会做出觅食和吸吮动作。他们会握住手里的东西。抚摸他们的肚子时，他们会停止哭泣。

注意

新生儿已具备了注意的能力。研究发现，新生儿的注意有偏好，他们更喜欢匀称或规则图形，对人的面孔的注视比对图形的注视时间更长。

记忆

胎儿在5个月左右就有了记忆能力，出生后记忆能力进一步发展。如果爸爸妈妈在孕期经常听某首乐曲，那么这首乐曲在孩子出生后可以安抚其情绪。出生10天左右的新生儿就具有了短时记忆，他们可以记住吃奶的姿势。

新生儿初期的感知能力为他们探索外部世界，进一步发展智力和心理奠定了基础。

特点与兴趣

喜欢被触摸

0～1个月的新生儿有被触摸的需求，如长期不被触摸，会出现食欲不振、智力发育迟缓及行为异常等问题。所以，要常怀抱宝宝，让他感受与亲人紧密相连的安全感，这样他们才会啼哭更少，睡眠更好，体重增加更快，抵抗力更强，智力发育也会明显提前。

视觉偏好

0～1个月的新生儿，已经有了视觉偏爱。他们更喜欢不断变化的、黑白对比强烈的甚至较复杂的图形。当然，他们也偏爱有一定意义的图形，比如人脸图形，他们甚至会非常专注地观察人脸。

方法与促进

照料者要多给予新生儿丰富的感知觉刺激，以此促进他们的发展。比如：

1.在日常生活中，照料者可在喂奶、洗澡或换尿布时，用手轻柔地抚摸、拥抱或轻拍新生儿，定时给新生儿做抚触按摩操，让他们身体各个部位都能感受到来自外界的刺激。

2.新生儿清醒时，要给他们穿上宽松的手脚较容易活动的衣物，以使他们的手脚能接受到各种刺激。

3.多给新生儿看一些黑白对比分明、相对复杂的图形。

4.新生儿偏好观察人脸，父母要经常与新生儿面对面交流，以让新生儿多观察父母的脸，从而刺激新生儿视觉神经的发展，发展新生儿的观察力。

第1个月情绪发展特点与教育

发展与规律

情绪的种类

新生儿一出生就具有五种基本情绪，即惊奇、痛苦、厌恶、微笑和兴趣。在出生后的头一个月里，新生儿会通过面部表情和哭、笑来表达这五种情绪。父母的敏感反馈和适时准确地满足新生儿的需要，会让他们获得更多的安全感和积极情绪。

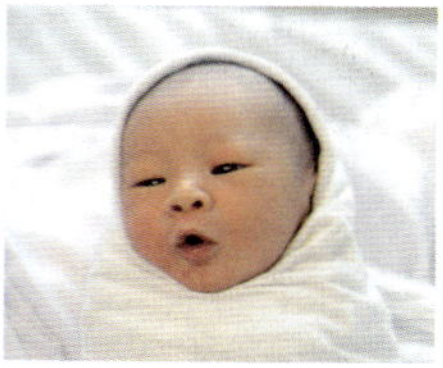
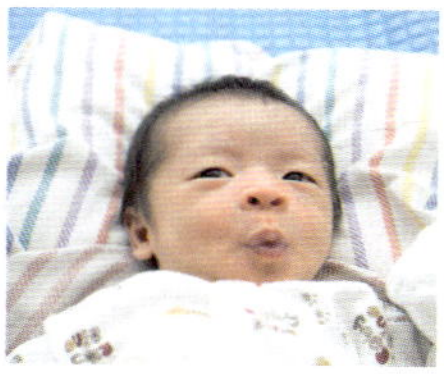
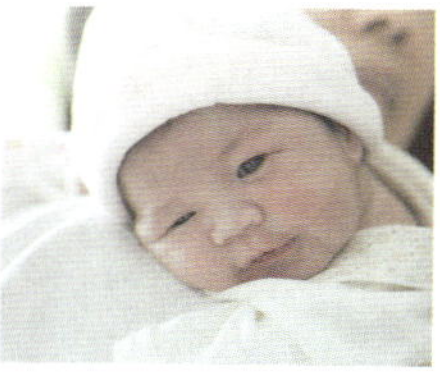
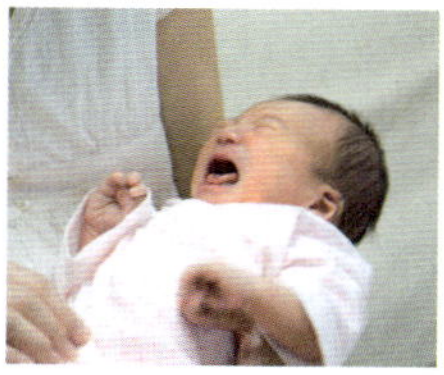

安全感

安全感是一种稳定而可控的感觉。有安全感的新生儿将拥有更多的积极情绪，他们更爱笑，更喜欢与成人互动，父母的养育也更轻松。另外，有安全感的新生儿身体更健康，敢于自由探索，喜欢挑战。

孩子出生头一个月，是妈妈和新生儿建立亲密依恋最好的时间。另外，具有重要心理意义的养育行为是母乳喂养。所以，母亲安心坐月子，用心陪伴，坚持母乳喂养，将是新生儿获得安全感的基础。

气质

新生儿一出生便会显示出独特的气质。气质是表现在心理活动的强度、速度、灵活性与指向性等方面的一种稳定的心理特征。

这期间的早期教育要尊重新生儿独特的气质，才可以事半功倍。

特点与兴趣

新生儿会用各种面部表情表达他们的情绪，他们愉快的时候，会自发地笑；惊喜的时候会眨眼睛；痛苦的时候会流泪，甚至会有韵律地啜泣；厌恶的时候嘴角会上扬；对某事物感兴趣的时候会表现出想要探究的样子。

新生儿看、听、发出声音和做出动作都是由兴趣激起和指导的。兴趣还支配着感觉与运动之间的协调和运动技能的发展，从而为进一步生长和发育打基础。对什么都缺乏兴趣容易导致严重的智力迟钝或冷漠无情。所以，兴趣的发展对于新生儿来说是至关重要的。

方法与促进

这是生命开始的第一个月，但新生儿已经具备了很多本领。

1.妈妈在月子里不要跟新生儿分床睡，最好让新生儿睡在自己身边；要坚持母乳喂养；坐姿喂奶相对更安全些。

2.对新生儿的哭声要保持敏感并及时回应，这对新生儿建立安全感十分重要。所谓哭声免疫法，提倡的“哭了不抱，不哭才抱”是不科学的。新生儿哭的时候，一定要陪在他们身边，并尽快缓解他们的痛苦。

3.对于天生具有不同气质类型的新生儿来说，如果父母可以引导新生儿建立更好的情绪控制机制，那些困难型和缓慢型的新生儿的气质将会有所变化。当然，这个工作需要持续很久，更需要妈妈和其他抚养人有极大的耐心。

第2个月

第2个月运动发展特点与教育

发展与规律

在床上，婴儿可以将头抬高一些；在被抱起时，他们开始能较好地撑起头，但有时头仍然会下垂或倒向另一边；抓握反射消失，出现自觉的抓握动作；可以看见几十厘米远处的较大的物体（移动的物体尤其能吸引他们的注意力）；可以拿东西放进嘴里；偶尔能看见自己的手，手的突然移动有时会吓他们一跳。

特点与兴趣

能够俯卧、举头、竖立头、抬头，喜欢触摸、抓握，喜欢追视移动的物体。

方法与促进

1.抬头练习。婴儿1个月起如果一直坚持练习抬头，满2个月时婴儿可以抬头45度甚至90度。

2.俯卧抬头练习。俯卧时的床面或平面要平坦、舒适。婴儿在俯卧时，要把他的双手放在头的两侧。成人可用一些带声响、色彩鲜艳的玩具在婴儿前方引逗，激发婴儿抬头。游戏时间从30秒起逐渐延长，每天可以玩多次。

3.头竖直练习。在帮助婴儿练习头竖直时，家长一定要将婴儿背部贴住家长的胸部，然后一手扶住婴儿的胸部，一手托住婴儿的臀部，使婴儿面部朝前。一般2个月大的婴儿头可竖直几秒钟甚至1～2分钟。

4.腿部按摩。在婴儿清醒时或洗澡后，家长可以帮助婴儿做腿部按摩，还可用手拉住婴儿的双腿，使之上下、前后活动，这样有利于婴儿运动机能的发展。

5.为了使婴儿尽早适应户外活动，可以时常打开家里的窗或门，作为户外活动的过渡。

6.在户外时，要抱着婴儿或将其放在小车内。当然，最好在天气适宜的时候外出。

游戏推荐

游戏一： 看一看，找一找

游戏目标： 帮孩子练习抬头

游戏过程： 孩子俯卧，看护人手拿可发声的玩具在孩子眼前20～30厘米处摇晃，引逗孩子撑起头看一看，找一找。看护人可以边摇晃玩具边有节奏地念儿歌引逗孩子抬头。

可配合儿歌：

宝宝，听一听，小铃小铃丁零零。
宝宝，看一看，小铃小铃在眼前。

小玩具，我爱你，

抬起头，看看你。

温馨提示：

1.这时，孩子的头能够支撑一会儿，但累了就会倒向一边。看护人要注意，每次游戏时间不要太长，2～3分钟为宜；每天可以进行3～5次。

2.每次游戏结束后，看护人要及时抱起孩子给予鼓励和表扬，也要让孩子及时仰卧休息。

游戏二：我的小手

游戏目标：教孩子认识手，教孩子用手抓握玩具，鼓励孩子用嘴探索和感知事物

游戏过程：看护人伸出自己的手给孩子看："这是妈妈的手。"然后拿起孩子的手："这是宝宝的手。"接着，看护人边说儿歌边晃动宝宝的手。之后，看护人把玩具放进孩子一只手里，鼓励孩子抓握。如果孩子做不到，看护人帮助孩子用手握住玩具，同时边说儿歌边左右轻摇，以使玩具发出声响。如果孩子拿玩具往嘴里放，只要在安全、卫生的前提下，不用阻拦。

可配合儿歌：

我的小手，一左一右。

见面点头，都是朋友。

小手本领大，握住玩具啦，

摇一摇，晃一晃，叮当叮当响。

温馨提示：

1.这个时期，孩子基本是用嘴巴来认识和感知事物的，孩子喜欢将玩具、手指放进嘴里探索，在安全、卫生的前提下，不用阻拦。

2.双手灵活性的发展需要不断用玩具刺激和逗引，看护人要多给孩子提供可以拿、握、摇晃的玩具。注意鼓励孩子左右手都要尝试。

第2个月语言发展特点与教育

发展与规律

婴儿从第2个月开始，进入了语言的自发声阶段，也就是他们会在睡醒、吃饱、身心舒适的时候，愉快地发出各种声音。但是这个月龄的婴儿，能发出的语音还比较少，也比较简单，只能发出a、ai、e、ei、ou等基本韵母的音；能发出的声母的音就更少了，基本只能发“h”音，有时也会发“m”音。

第2个月的婴儿有了“社会性微笑”。成人逗引他们或是和他们说话，他们会露出微笑，还会用声音或动作和成人“交谈”。这表明第2个月的婴儿已经初步掌握交流的原则，知道要“回应”和自己交谈的人。

特点与兴趣

第2个月左右的婴儿发展出了语音的模仿能力，并乐此不疲。如果周围有人说话，他们会尝试着模仿周围人的发音；即便有些语音他们还没有能力发出，但语调会很类似。

这个月龄的婴儿喜欢和成人互动。成人和他们说话，他们会做出回应，他们非常喜欢和成人进行一来一往的对话互动。

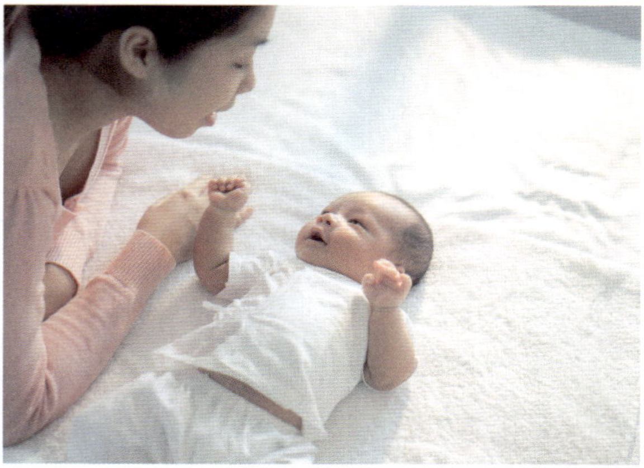

方法与促进

1.用小游戏培养婴儿的听音辨音能力。在婴儿的不同方位拨弄能发声的玩具，让他们追逐不同方向传来的声音，可以提高他们对声音方位的辨别能力。还可以给婴儿播放不同韵律的音乐，并伴随着节奏摇动婴儿，以此培养婴儿的韵律感。经常给婴儿播放音乐，能够刺激其听觉器官，促进大脑发育，提升婴儿的倾听能力，为婴儿学习语言奠定基础。

2.和婴儿进行面对面的交流。这个阶段的婴儿喜欢模仿成人的发音。和婴儿面对面交流，不仅能够让婴儿听到语音，也能够让婴儿看到成人发出某个语音时的嘴型是怎样的。婴儿因此能够将特定的语音和嘴型联系起来，这有利于他们尽快发音。面对面交流时，可以多给婴儿念儿歌，多次简单重复更有利于他们模仿学习。

游戏推荐

游戏一：说说话吧

游戏目标：激发孩子的语言模仿能力，增进亲子情感

游戏过程：在孩子清醒的状态下，让孩子仰卧。看护人与孩子面对面，用温柔的目光与孩子交流，还可以拉着孩子的小手说：“你睡醒了，很精神，我给你说首小儿歌吧。”看护人可以边说儿歌边按照一定的节奏抚摸孩子的手，或分别握着孩子的左右手打拍子。

可配合儿歌：

小宝宝，醒来了，
睁开眼睛看见啥？
我是你的妈……妈……
妈妈盼你快长大。

温馨提示：

1.平时要多和孩子聊天、给孩子清唱歌曲。如果孩子十分专注，更要多和孩子玩这类游戏。

2.只要孩子有需要，看护人就要及时关注，如果没有空可以用稍大点儿的声音说：“宝宝，等一等，妈妈马上就来。”让孩子听到你的声音，让他知道有人在关注他。

游戏二： 一起来游戏

游戏目标： 和孩子进行各种良性互动

游戏过程： 在婴儿情绪愉悦的时候，让其仰卧。看护人和婴儿面对面，用亲切的声音与婴儿说话，用慈爱的目光注视他，并引起他的注意；也可以用手握握他的手，摸摸他的脚，边做这些动作边说："这是宝宝的小手，两只手，一共10个手指头。""这是你的小脚，两只小脚，一共10个脚指头。"也可以配合下面的儿歌和宝宝玩游戏。

可配合儿歌：

小宝宝，要说话。
嘟嘟嘴，咿呀呀。

温馨提示：

1.当孩子需要换尿布、需要吃东西的时候，看护人注意要用亲切的话语与孩子交流，边做动作边解释自己正在做的事情，把孩子当成既能听懂又能交流的人。

2.家长在和孩子交流的时候，语速要适当放慢，口型可以适当夸张。如果孩子正看着你的嘴巴，你可以反复说某个词或某句话。

第2个月认知发展特点与教育

发展与规律

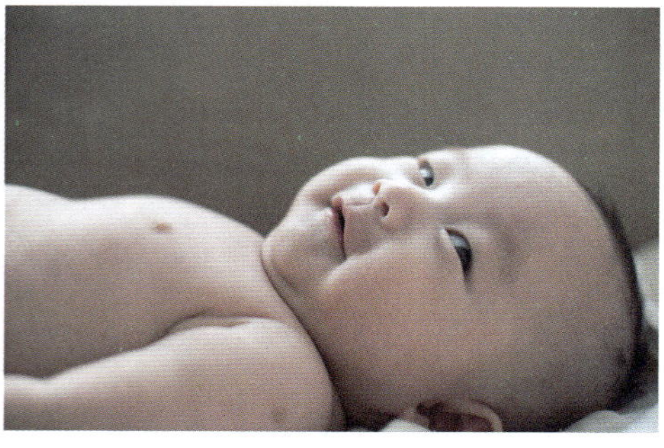

视觉

1个月以后的婴儿视力迅速发展。他们逐渐发展出"追视"的能力，如果眼前出现了运动的物体，能够用眼睛追随。仰躺时，眼睛横向可做幅度约90度的追视。

注意

这时，婴儿喜欢看中等复杂的图形。在看复杂图形时，他们更关注图形的局部特征而不是整个图形，比如在看三角形时，他们更关注三角形的角而不是整个三角形。对于一个封闭图形，他们更多注视图形的边缘，而不是图形的内部。他们仍然最喜欢看人脸。

记忆

2个月的婴儿记忆能保持24小时。因为记忆能力增强，他们有了简单的即时模仿能力，比如，对着他们吐舌头，他们就会做出类似的动作。这个月龄的婴儿能认得妈妈，当妈妈爱抚他们时，他们也会以微笑回应妈妈。

特点与兴趣

这个月龄的婴儿依然存在视觉偏好。他们更喜欢注视妈妈的脸、色彩鲜艳的物体、活动的事物等。

2个月左右的婴儿更喜欢复杂的图形，与直线相比，更喜欢曲线和弧线；喜爱同心圆多于非同心圆；喜欢立体图形多于平面图形；爱注视新奇的图形；偏好不规则的图形；与不对称的图形相比，更喜爱对称的图形；开始从只注意图形局部向注意整体发展；开始从只注意图形轮廓向注意图形内部发展。

方法与促进

在这个月龄，婴儿依然是在被动学习。

1.鲜艳的颜色更能够吸引婴儿关注。家中最好多布置一些颜色鲜艳、图案多样的装饰，以吸引婴儿的注意，增加婴儿的视觉刺激。

2.多准备一些颜色鲜艳、形状复杂的玩具。看护者可以把玩具放在婴儿眼睛前方20厘米左右的位置，在摇动玩具的同时，给婴儿讲讲玩具的名称，玩具是什么形状、什么颜色。也可以把玩具吊在婴儿脸部上方20厘米左右的位置，让婴儿仰卧时能够接触丰富的视觉刺激。

第2个月情绪发展特点与教育

发展与规律

约从第5周开始，婴儿能区分社会性和非社会性刺激，对人的声音、面孔开始有特别的反应，因此大人的声音、面孔特别容易引起婴儿的微笑。第8周时，婴儿会对一张不移动的脸发出持久的微笑。但是，从第5周至约3个半月时，婴儿对人的微笑是没有区别的，无论是对家人还是陌生人都是一样的。

这时的婴儿会表现出愤怒的情绪。饿了、尿不湿没换，他们都会愤怒，会通过哭闹来表达愤怒。

月龄越小，婴儿睡眠的时间越长，但个体的差异性很大。有些婴儿第2个月就可以睡整觉了，有些婴儿可能3岁还不能一夜睡到天亮。

影响婴儿睡眠的原因有外在因素和内在因素两类。外在因素包括饿

了、缺钙、太热、肚子胀、穿的尿不湿不舒服等。随着年龄的增长，白天太兴奋、环境变化频率太快、出牙、身体不舒服等都会影响婴儿睡眠。内在因素主要包括大脑神经发育不成熟，不断处于深睡眠和浅睡眠的切换中，无法自我调节入睡等。另外，若妈妈过早断奶，婴儿无法适应，很可能出现四五个月之后的睡眠比两三个月时还差的情况。

特点与兴趣

第2个月的婴儿，不但可以用面部表情表达高兴和愤怒，还可以使用肢体语言和发出一些声音的方式表达自己的情绪，例如蹬腿、甩胳膊、发出“da-da”“a-a”的声音回应成人的逗引。他们甚至可以模仿成人吐舌头和咂舌的样子。如果这时候让他们照镜子，他们会表现出惊讶和兴奋的样子。

这个月龄的婴儿最大的兴趣是注视人脸，尤其喜欢看妈妈的正脸，听妈妈讲话。妈妈抱

起婴儿轻轻摇晃或喂奶时，他们会发出高兴的声音。他们也开始对语言和外界环境展现出更多的兴趣。

方法与促进

第2个月的婴儿看上去有了更多的生存本领，他们发展出了一种重要的情绪——愤怒——来保护自己和求得关注，而这又会进一步促进婴儿心智的成熟。对于这个月的婴儿，我们可以尝试以下的做法，以促进婴儿正常发展。

1.帮助婴儿养成较规律的睡眠习惯。例如，晚上婴儿醒来后，不要开灯；不要剧烈地走动或抱着婴儿摇晃；给婴儿喂奶；跟婴儿躺在一起，抱紧他，给他安慰，轻轻地发出“嗯……嗯……”的低音来安抚婴儿，帮助他再次进入睡眠。睡眠习惯的养成短则需要3～5个月，长则需要1年左右，所以我们要慢慢发现和调整婴儿的生物钟，循序渐进地帮婴儿养成好的睡眠习惯。

2.多和婴儿微笑。这时的婴儿很喜欢看妈妈或爸爸做鬼脸。我们丰富的面部表情会逗引婴儿哈哈大笑。经常大笑的婴儿，大脑会分泌更多的多巴胺和血清素，将更少哭闹。

3.抚触是这个年龄段婴儿最好的运动。大量研究表明，经常接受抚触的婴儿生病少，情绪好，感觉灵敏，更有安全感。抚触的操作也很简单，最好是晚上睡觉前，洗完澡，让婴儿躺在床上（不穿衣服）；妈妈双手保持一定的温度，去掉戒指和手镯，剪掉长指甲，抹上婴儿油，慢慢按摩婴儿的皮肤。妈妈可以一边按摩，一边面带笑容地跟婴儿说话，唱歌给婴儿听。这是极佳的亲子陪伴。如果你希望有更专业的手法，可以找来相关的书籍学习。

第3个月

第3个月运动发展特点与教育

发展与规律

这个时候，婴儿开始有意识地移动手和脚；抓、扔等细小动作开始发展；在大人抱着或拉手坐时，头能竖直且保持平稳，头能直立着向四周张望；在床上俯卧时能抬起前半身，甚至能用胳膊肘撑着床而使胸部离开床面；两只手能在胸前接触，能摇晃、注视自己的手。婴儿开始把自己的手指当作玩具玩，当自己的手碰到脸时，头能转动，并能吸吮自己的手指，开始时是吸吮整只手，然后是吸吮一两个手指，最后是只吸吮特定手指。起初注视自己的手时，婴儿只是看一眼拳头，慢慢地能持续地看一会儿，再往后就会一边微微转动小手，一边盯着看。吸吮手指和看手指是婴儿手指功能分化以及手眼协调动作的准备。

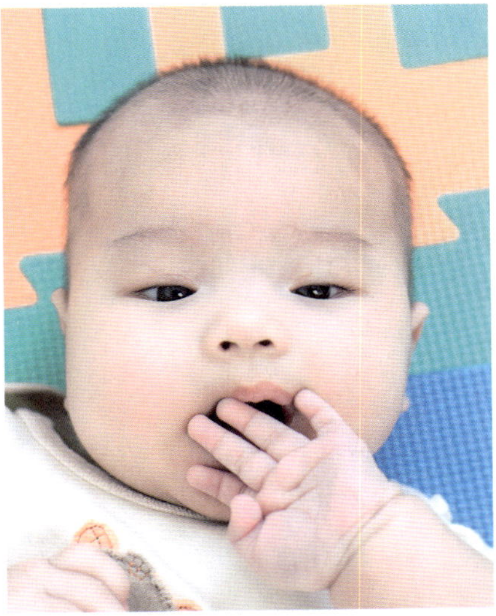

特点与兴趣

会追视，能抓握，喜欢用手拍打、够取玩具。

方法与促进

1.随着颈部肌肉力量逐步增强，婴儿很快就可以在俯卧时把头高高抬起，甚至与床面呈90度。此时看护人可以将鲜艳且带声响的玩具悬挂或放在婴儿四周不同的地方引逗他转头去寻找。

2.在抱着婴儿时，可将玩具放在婴儿胸前20厘米左右的地方，然后摇动玩具或弄响玩具以吸引婴儿的注意和兴趣，使婴儿够取、触摸、抓握、击打玩具。

3.3个月前，婴儿主要是仰卧着，但已经有了全身性的活动。家长一定要注意在适当的情况下松开婴儿的衣服以使他能自由活动。可以在床脚位置悬挂1～2个彩色塑料球，让婴儿用脚去踢。当婴儿用脚踢到时，看护人要及时给予鼓励和夸奖。

4.在婴儿仰卧时，看护人可以分别在婴儿两侧用其感兴趣的玩具引逗他，在游戏中训练他从仰卧位翻至侧卧位。每次可以练习3～5分钟，每天可练习多次。

游戏推荐

游戏一： 照镜子

游戏目标： 引导、鼓励孩子练习抬头

游戏过程： 看护人用有声响的玩具吸引孩子抬头。当孩子抬起头后，让孩子看看小镜子。看护人可以问他："镜子里边的小孩是谁呀？"看护人可以将镜子向一边慢慢移动，看孩子的视线是否会跟随，然后再向另一边移动，鼓励孩子跟随镜子移动视线。

可配合儿歌：

小镜子，真有趣。
里边的小孩就是你。

温馨提示：

1.孩子这时还小，做抬头游戏时还不能很好地控制自己，需要看护人帮助。每次玩3～5分钟为宜，随着孩子能力的提高可逐渐延长游戏时间。

2.要多让孩子练习抬头。最好在有一定硬度的地方游戏。孩子抬头后，玩具要左右、上下慢慢移动，以吸引孩子。游戏后，抱起孩子亲亲、夸夸孩子。

游戏二：伸手抓握

游戏目标：教孩子练习抓握能力

游戏过程：孩子情绪愉悦时，让孩子仰卧。看护人把玩具放在孩子头上方10厘米左右处移动玩具，引逗孩子转头、寻找、伸手抓握。看护人要随孩子小手的位置调整玩具的位置，尽量让孩子自行抓住，然后给予亲吻或其他鼓励。此游戏可以反复进行3～5次。

可配合儿歌：

小玩具，我爱你，
抓住你，亲亲你。
小玩具，叮当响，
抓住你，晃一晃。

温馨提示：

1.孩子还小，手眼协调性有待发展，游戏时容易疲劳，每次玩5分钟左右为宜。

2.可以把玩具悬吊在孩子小床的上方，引导孩子仰卧时抓握。

第3个月语言发展特点与教育

发展与规律

3个月左右的婴儿每天都在练习发音，他们发出的音已经能够代表一定的意义了。如果婴儿发出“i”和“e”的音，很有可能是他有点焦急或不舒服了。如果他吃饱了，穿暖了，心情十分愉悦时，他会发出“a”“o”“u”等音。这一阶段，婴儿发出的语音正从单元音向“咿咿”“呀呀”“哦哦”等双元音转变。

3个月左右的婴儿能够判断语音和口型的关系。如果我们一边做某种口型，一边给婴儿播放相应的录音，当我们只是做出口型，而迟迟不发出声音，或者先播放录音，而不做口型，我们就会发现婴儿脸上会显露出困惑不解的神情。这说明婴儿能辨别声音和动作是否同步。

特点与兴趣

3月龄的婴儿喜欢看别人说话，当有人和他面对面说话时，他会极为专注地看着对方，似乎在学习怎样发音。

方法与促进

1.及时回应婴儿的发音。这个月的婴儿能发出的语音更多了，并且发音有了一定的意义。他们发出语音时，多半是想表达一定的意愿，看护人要及时回应。当婴儿说“啊啊”“哦哦”“嘿嘿”的时候，多半是代表他此刻心情愉悦。看护人可以说：“宝宝，你很开心是吧？”也可以只是重复婴儿的发音，他说“啊啊”，看护人也回应“啊啊”。婴儿会觉得自己得到了回应，他会更愿意和看护人一来一往地“交流”。

2.多做面对面的语音游戏。面对面的语音游戏能让婴儿意识到不同的语音口型不同，如果想发出某种语音就必须做出特定的口型。可以在婴儿面前模仿一些动物的叫声，让婴儿观察与模仿。

游戏推荐

游戏一：看看图片

游戏目标：促进亲子互动，逗引孩子发音说话

游戏准备：黑白图片、彩色图片各2～3张。

游戏过程： 孩子情绪愉悦时，看护人将孩子反抱着坐在沙发上，一张一张出示准备好的图片，让孩子看，同时给孩子讲："这是卡片，它是什么颜色的？噢，这是黑颜色……白颜色……"也可以边说儿歌边出示图片。当孩子咿呀学语时，看护人要回应孩子，还可以让孩子摸摸图片。

可配合儿歌：

小卡片，手中拿，
看一看，是什么？
小卡片，变变变，
是什么？仔细看。

温馨提示：

1.玩这个游戏最好有两个看护人参与。一个看护人反抱孩子坐好，一个看护人在孩子对面出示图片。这样看护人更方便与孩子互动和交流，孩子也能够看到看护人的面部表情。

2.此游戏每天可以做2～3次，每次时间不要太长，最好在孩子情绪稳定时进行。

游戏二： 咿呀回应

游戏目标： 引逗孩子咿呀学语，与看护人"说话"。

游戏过程： 孩子清醒的时候，和孩子面对面交流："咱们说会儿话好吗？"然后观察孩子的反应，并说："你听懂了吗？你想说什么？""你说什么呢？是让我抱你起来吗？""那我就抱你起来，看看周围都有什么吧。"这时，看护人抱起孩子，一起看看周围的事物，并把它们的名称、作用、颜色等信息分别说给孩子听。

可配合儿歌：

宝宝不会说，
宝宝听得清。
宝宝不会说，

咿呀有反应。

宝宝反复听，

越听越聪明。

温馨提示：

1.在给孩子换尿布、清洁身体甚至喂奶时，都可以边做这些事边告诉孩子我们在做什么，以给孩子更多的语言刺激。

2.在与孩子交流时，尽量保持轻松、愉快的情绪，语言要亲切自然。

第3个月认识发展特点与教育

发展与规律

视觉

婴儿眼睛看近、看远的调节能力在出生后不断发展，视觉集中的时间和距离都在延长。3个月的婴儿能看到4～7米处的物体，能够注视7～10分钟，还能够追随物体做横向幅度约180度的追视。

听觉

这时，婴儿可以初步区分音乐的音高，有时候能静静地躺着倾听音乐。

颜色辨别

3个月的婴儿可以区分红、绿、蓝三色，也能够区别灰色和彩色，并且偏爱彩色。

知觉

知觉是对感觉的加工过程。3个月左右的婴儿出现了对形状的知觉，这是最早的知觉。

注意

当有发亮的东西或色彩浓艳的东西出现在视野里时，婴儿会发出喜悦的声音或睁眼注视。这便是选择性注意。

记忆

3个月的婴儿已经有了短时记忆能力，有些婴儿甚至能记住一周前发生的事情。

特点与兴趣

3个月的婴儿喜欢看移动的物体，比如走来走去的人，或者是挂在床头可以摆动的玩具。他们还喜欢看自己的手，看手中所抓的物品。另外，他们喜欢注视曲线胜过直线，偏好对称的物体胜过不对称的物体。

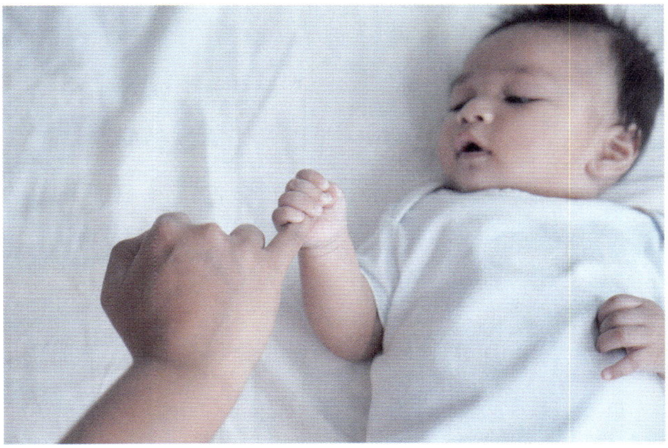

方法与促进

针对3个月婴儿的视知觉发展的特点，看护人可以准备一些能够训练婴儿追视能力的玩具和游戏。

可以在婴儿床的上方距离眼睛20～30厘米处，挂上2～3种色彩鲜艳的，最好是纯正的红、绿、蓝色的玩具。可以在婴儿面前触动或摇摆这些玩具，以引起他的兴趣。在婴儿集中注视后，可以边摇边移动（水平方向180度、垂直方向90度）玩具，以使婴儿追视移动的玩具。

可分别用两个玩具来逗引婴儿，让婴儿先注视一个玩具，然后再拿出另一个玩具，让婴儿将视线从一个物体转移到另一个物体；也可以在婴儿正集中注视某一玩具时，迅速移开玩具或将玩具转向另一边，以训练婴儿在注视目标消失之后接着寻找新的目标。

第3个月情绪发展特点与教育

发展与规律

第3个月，婴儿会出现一种新的情绪，叫作悲伤。当他们的需要没有得到回应或满足，或者妈妈非常冷漠，他们会感到悲伤。悲伤的婴儿，通常比较安静、抑郁，总是一副不高兴的样子。

这个月的婴儿，愤怒和愉悦的情绪都会表现得更显著，高兴起来常常哈哈大笑，愤怒起来会哭得很厉害。这时，婴儿全身能动的部分都将参与情绪的表达。

婴儿3个月的时候，通常也是一些妈妈产后抑郁最明显的时候。导致产后抑郁的原因，与激素分泌的失衡、遗传、身体疾病、生产后的情绪、妈妈本人的人格特征、睡眠不足、过于疲惫、夫妻关系不好、缺少社会支持、家庭经济状况不良等都有关系。主要表现为情绪低落、无精打采、总想哭或者爱发脾气、担心自己照顾不好孩子、总有自责感和自罪感、对身边的人充满敌意、对生活缺乏信心、食欲下降、入睡困难等。如果这种状况持续时间超过3个月，妈妈就需要就医了。妈妈持续抑郁的情绪，会降低婴儿的抵抗力（奶水不健康），易导致婴儿情绪低落、烦躁，甚至引发大脑发育减慢。所以，妈妈意识到自己的抑郁情绪时，一定要及时调整和寻求帮助。

特点与兴趣

随着抬头、翻身等大动作的发展和手部精细动作的发展，3个月的婴儿可以接触和看到的世界越来越广阔，看到的人越来越多。他们感兴趣的东西也越来越多，但他们仍表现出对妈妈的绝对偏爱，喜欢跟妈妈聊天，喜欢看着妈妈笑。这时，他们喜欢依偎和靠近看护人，进入了对人的反应有差别的阶段。有研究表明，3个月的婴儿对人的正面脸，不论对方是生气还是微笑，都会报以微笑；如果把正面脸变为侧面脸，婴儿则会停止微笑。这说明他们对五官清晰、轮廓分明的画面更感兴趣。

方法与促进

3个月的婴儿拥有了更敏锐的情绪感知能力，他们非常需要妈妈的无条件接纳和肯定，但这个时候可能正赶上妈妈的产后抑郁。为了婴儿的健康发展，妈妈需要积极调整情绪。

1.妈妈要学会调整自己的情绪，更积极一些。如果妈妈发现自己有产后抑郁，要努力把自己从那种低落的情绪中拽出来，可以通过运动、与亲密的朋友聊天、每天参与1～2小时的劳动或工作、冥想放松、做自己喜欢的事情等方式，而不是任由自己陷入抑郁的泥潭。当然，如果妈妈出现了产后抑郁，请爸爸和其他家人一定要帮助她，给她支持和鼓励，分担她的育儿重担，多带她接触外界的环境。

2.对婴儿的情绪要更敏感些。悲伤是一种不易觉察的情绪。嘴角下沉，双眼无神，甚至双眼含泪，都是悲伤的表情。抚养人要积极探索婴儿悲伤背后的原因，及时满足婴儿的需要。

3.多跟婴儿做游戏，积极互动，让婴儿有更多愉悦的情绪。做运动、玩游戏、说说话、做做鬼脸都会让婴儿很高兴。

第4个月

第4个月运动发展特点与教育

发展与规律

婴儿颈部肌肉变得有力；在床上趴着时，头部已能抬离床面数秒钟；平躺时，可以自己翻身，变成趴的姿势；开始无意抓握；会偶然地、无意地把手边的玩具抓住、弄响；抓起东西时喜欢往嘴里塞；手眼协调水平仍然很差；可以看见4～7米远的地方；会向妈妈伸手要拥抱。

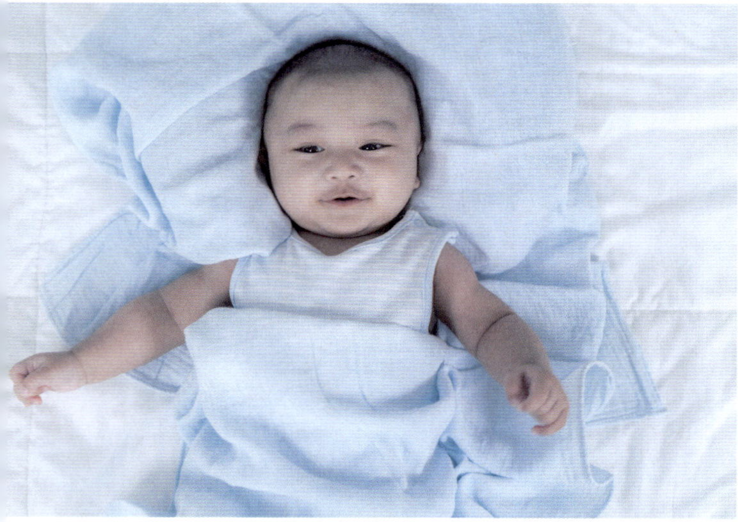

特点与兴趣

能够翻身、够物；喜欢各种四肢活动；经过训练，可以一手支撑自己，自由摆动头部，用另一只手拿东西。

方法与促进

1.婴儿能在仰卧玩耍中不知不觉地俯卧过来，经常出现不断挣扎着要翻身的动作。此时家长可以把孩子最喜欢的玩具放在他身旁，当他想把身旁的玩具拿到手的时候，就会翻过身来。

2.婴儿刚开始练翻身的时候一只手臂常常被压在身体下边，家长一定要注意帮助婴儿把手拿出来，并慢慢地训练婴儿自己将手放好，直至他们能做到灵巧地翻身。家长要注意有意识地帮助婴儿向左、右两个方向翻身。

3.家长这期间可以尝试将婴儿拉起坐好：先让婴儿仰卧位躺好，家长抓住婴儿的两只小手，让婴儿自己用力配合，家长稍用力协助，将婴儿拉到坐位。这种游戏活动每天可以做几次。家长用力要逐渐减少。这能够锻炼婴儿的臂力及腰腹力量。

游戏推荐

游戏一：一起来翻身

游戏目标：鼓励孩子从仰卧位翻身至俯卧位

游戏过程：孩子情绪愉快时，将孩子仰卧放在床上。看护人用有声响的玩具与孩子面对面引逗孩子，让孩子看见，然后把玩具移到孩子一侧，使孩子追随玩具并在寻找中翻过身来。如果孩子不会翻，看护人可以把孩子的一条腿放在另一条腿上，顺着脚尖的方向，轻轻推动孩子的屁股，帮助其翻身。

可配合儿歌：

翻饼，烙饼，
油炸馅饼。
翻过来，翻过去，
瞧一瞧……
小孩子，看一看，
找一找，翻一翻。

温馨提示：

1.孩子这时还小，游戏时需要有新颖的玩具引逗。看护人引逗孩子时要注意让孩子这一侧翻一翻，那一侧翻一翻，两边都要得到锻炼。

2.如果孩子不能自己翻过身来，看护人可以把手放在孩子的后背处，帮助孩子用力。孩子翻过身来后，要观察孩子是否疲劳。玩2～3次后，要抱起孩子亲吻，并给予称赞。

游戏二： 小拨浪鼓

游戏目标： 锻炼孩子的抓握能力

游戏过程： 看护人把孩子抱在身上，用有声响的拨浪鼓逗引孩子，并鼓励孩子抓住拨浪鼓。孩子抓住后，看护人可以引导孩子："这是拨浪鼓，摇一摇。"孩子不会摇的话，看护人可以握着孩子的手帮他摇拨浪鼓。

可配合儿歌：

手里握着拨浪鼓，
摇摇晃晃像跳舞。

温馨提示：

1.看护人在引导孩子抓拨浪鼓时要注意左右手都要练一练。每天可以练习3～5次。

2.可以给孩子提供更多质地的、不同形象的抓握玩具，激发孩子抓握的兴趣。

第4个月语言发展特点与教育

发展与规律

4个月婴儿的典型特征是进入了"咿呀学语期"。在这个阶段，婴儿的发音数量在增加，发音主动性在增强。这个月龄的婴儿能够将辅音和元音组合起来，比如会说“du-du”“hei-hei”，有时还会将更多的音节结合在一起，连续说出一段语音，比如“a-bubu”，这些语音更接近成人的语言。

4个月的婴儿能够注意到看护人的语气。如果看护人说话时轻松愉快，婴儿也会微笑。如果看护人说话的时候语气生硬或者带有怒气，婴儿会放声大哭。这表明他们能够从说话人的语气、语调中判断对方的态度和情绪。

4个月的婴儿懂得使用一来一往的话轮和他人交谈。当看护人和婴儿讲话时，婴儿会“咿咿呀呀”给予回应。如果看护人停止了说话，婴儿还会主动发音，发起另一轮谈话。

特点与兴趣

这个月龄的婴儿正处于“咿呀学语期”，特别喜欢“讲话”，有着强烈的表达欲望。他们会在看护人发起谈话时咿呀回应。没有人和他们对话时，他们会自言自语，尝试发出各种语音。这实际上是婴儿在进行发音练习，婴儿通过这种方式为正式说话做准备。

方法与促进

1.逗引婴儿发音。婴儿刚刚进入“咿呀学语期”，看护人应该创设对话的环境，激发婴儿发出更多的音。比如，当婴儿发出语音想要引起看护人关注时，看护人要及时回应，要么使用语言，要么用动作安抚婴儿。婴儿感觉到自己因发出语音受到关注，会有更强烈的表达热情，会更热衷通过这种方式和看护人沟通。

2.和婴儿沟通时，尽量面对面。在日常生活中，看护人应尽可能地利用各种可能的互动机会和婴儿沟通。喂奶时，用温柔的语音告诉婴儿你在做什么。给孩子换尿布时，也可以看着婴儿的脸部，告诉婴儿你要给他换尿布了。面对面20厘米左右的距离，可让婴儿更清楚地观察看护人的口型，有利于他们模仿看护人发音。

3.用游戏与婴儿互动，提高婴儿听音和发音的积极性。可以给婴儿唱重复内容较多的童谣，每到重复的位置，就抬抬婴儿的小胳膊、小腿，或者亲亲他。这样能够引起婴儿对重复词语的注意。之后，他们会积极辨别这个发音，并在这个音出现时配合看护人做动作。

游戏推荐

游戏一： 咿咿呀呀

游戏目标： 逗引孩子发音

游戏过程： 孩子仰卧在床上，看护人面对面和孩子交流。看护人听到孩子主动发声时，要及时咿咿呀呀地回应，使孩子感受到与看护人交流的快乐。如果孩子不出声，看护人可以用语言、面部表情或肢体动作等方式和孩子交流。

可配合儿歌：

小宝宝，咿呀呀，
咿呀呀，要说话。
要说话，说的啥？
说的啥，咿呀呀！

温馨提示：

1.在孩子咿呀学语时要多和孩子交流。对孩子来讲，来自爸爸妈妈的积极回应尤其重要。

2.日常生活中，要多抱孩子，引导孩子观察周围的事物和人，并且最好边看边说。

游戏二： 面具游戏

游戏目标： 强化婴儿的发音，鼓励他咿呀学语

游戏过程： 在孩子情绪愉快的情况下，看护人拿出事先准备好的面具和孩子交流：“看看这是什么？”然后，看护人戴上面具：“这是一个面具。你能看看我是谁吗？”最后，看护人摘下面具：“我是妈妈呀！”

可配合儿歌：

面具面具真有趣，挡在脸上不见你。
摘下面具看一看，妈妈妈妈在这里。

温馨提示：

1.在孩子情绪稳定的时候，和孩子玩面具游戏，可引发孩子探究陌生事物的兴趣。

2.看护人最好把和孩子互动时的肢体行为用语言清晰地表达出来。

第4个月认知发展特点与教育

发展与规律

视觉

4个月的婴儿已经能够追踪面前移动的任何物体，两只眼睛的协调能力开始增强，视线变得更为灵活，会尝试转动脑袋去追视正在移动的东西。

听觉和嗅觉

宝宝这时可以区分不同的音色和不同的气味，对有刺激性的味道会翻身或扭头以回避。

知觉

开始对物体有整体的知觉，能通过物体的某一部分认识整个物体。

注意

注视自己喜欢的人或物的时间越来越长，例如可以注视妈妈的脸很久。

记忆

可以记住经常抚摸自己的人，可以区分熟悉的人与陌生人，但维持的时间不长。

客体永恒性

这个月龄的婴儿还不能理解客体永恒性，他们看不见的东西便不会去寻找，因为他们认为这个东西消失了。

特点与兴趣

这个月龄的婴儿喜欢做一些重复性的动作，比如吮吸手指，不停地踢腿，或者是口吐泡泡并发出“喔”“啊”的声音。

方法与促进

针对这个月龄的婴儿的特点，可以设计一些视觉追踪、触觉感受类的游戏，以促进婴儿感知能力的发展。

1.吹泡泡游戏。当婴儿平躺或者趴着的时候，看护人可以把泡泡吹得高一点，或是吹得低一点，或是故意把泡泡粘在婴儿的手臂上、腿上、肚子上。当泡泡飞起来的时候，让婴儿来回追着看泡泡会促进婴儿的视觉追踪能力。当泡泡落在身体上的时候，婴儿会感觉到凉凉的，可以刺激婴儿的触觉系统。

2.自制一个摇铃：找一个瓶颈细长的矿泉水瓶，在里面装上豆子、米或其他物品，以在晃动时会发出声音，并在瓶子上系一根绳子。看护人先给婴儿示范，拽拽绳子，瓶子就会发出声音。婴儿会模仿看护人的动作抓住绳子摇晃瓶子，听瓶子发出的声音。这有利于婴儿了解因果关系。

3.提供不同触感的物品供婴儿探索，比如黏的、光滑的、外表有各种纹路的物品。探索各种各样的物品，能帮助婴儿发展手部精细动作，比如学习如何抓握、移动和放开物体等。触摸材质不同的物体能促进婴儿触觉的发展。形状、大小、重量、软硬不同的物体，则能锻炼婴儿不同的手部肌肉，促进精细动作的发展。

第4个月情绪发展特点与教育

发展与规律

情绪表达

婴儿的情绪日渐丰富，这个月的婴儿出现了害怕、警惕、谨慎、兴奋、惊讶和惊喜等情绪。因为知觉的发展，对于未探索过的环境，婴儿会保持警惕、谨慎，同时对新鲜的事物，会表现出惊讶、惊喜的表情。安全感足的婴儿，他们表达情绪的强度也会更充分。儿童发展心理学的研究表明，无论地域和文化如何，婴儿表达害怕、惊奇、兴奋的表情都是一样的。

睡眠

这个月的婴儿基本可以睡整觉了，如果睡前可以饱饱地吃上一顿奶，夜晚通常可以持续睡5～6小时。当然，这是最理想的状态，通常这时也只有不到50%的婴儿可以睡整觉。

特点与兴趣

这个月龄的婴儿普遍出现了选择性微笑，即他们面对熟悉的脸笑得更多。4个月前他们还分不清家里人和陌生人，但这个月开始他们可以分清楚自家人和外人了。他们喜欢看到经常照顾他们的人，尤其是妈妈。

婴儿对外界环境中各种颜色、形状不同的或动或静的物体的兴趣越来越大，这更驱使他们产生了惊喜、惊讶、好奇等情绪。4个月的婴

儿还发展出了与注意力相关的积极情绪体验，所以他们的兴趣就是盯着东西看，且目不转睛。对看护人来讲，这个时候不打扰婴儿是最好的。

方法与促进

敏感、细心的妈妈一定会发现，婴儿从这个月开始用表情、声音和动作与成人互动的频率和不同情绪出现的频率都大大提高了。

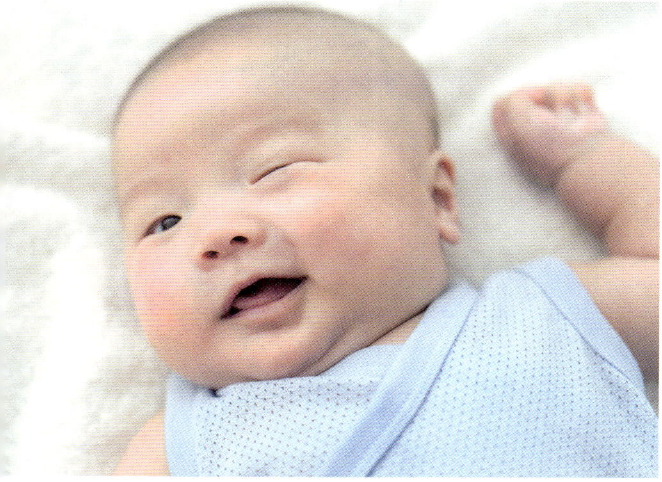

1.有些婴儿在夜里仍会很兴奋，经常发出一些声音或根本不睡。如果他不吵闹，最好让他学着自己入睡。若他不能自己入睡，或试着轻柔地和他说话，或试着轻轻地拍他，让他入睡。如果还不行，就把他从摇篮里抱出来哺乳一次，或给他换块尿布。注意要保持卧室光线昏暗且尽量少讲话。他越是放松，越易尽快入睡。

2.对于让自己感到不愉快或困惑的人或事，婴儿会转过头去选择不看，或者把目光移到别的地方，同时会减少积极的情绪表达。这样的能力是一种适应性能力。主动转移注意力的能力也是日后情绪管理的基础，因此父母不必担心孩子“胆小”。

3.我们要接纳婴儿出现的与知觉相关的害怕情绪，接受他们的害怕，同时引导他们在安全范围内的尝试和探索，让他们可以不断拓展自己的认知边界。

4.不要否定婴儿的惊喜、惊讶、兴奋等情绪。当我们发现引起他们这些情绪的刺激源时，我们应该更多地创造这样的环境，让他们有更多的积极情绪体验，从而促进他们大脑内啡肽的分泌，进而养成乐观的性格。

第5个月

第5个月运动发展特点与教育

发展与规律

扶腋下时，婴儿能站直，能抓住悬吊的物体。仰卧时，婴儿常抬起双脚踢、蹬。婴儿在4个月左右时一开始能翻身一半，即从侧卧翻到仰卧或从仰卧转成侧卧，然后才能慢慢地从俯卧翻到仰卧。5个月大的婴儿在被扶起后能坐、立，也能两手各握一样玩具，做动作有了简单的目的，而且能够做出一些有效的动作，但抓握时仍是“一把抓”，拇指与其余四指没有分工，而且还伴有许多不相干的动作。这个阶段的婴儿会咬放在嘴里的东西，会找铃铛、看电视，喜欢藏猫猫，会摇晃和敲打东西。

特点与兴趣

该月龄的婴儿非常喜欢两只手各抓一个物体。

方法与促进

1.到5个月时，婴儿躯干的肌肉已经可以支持脊柱直立片刻，因此可做站立练习了。

2.这时，靠坐练习也可常做了。练习靠坐时，注意将婴儿放在有扶手的沙发上或小椅子上，让他靠坐着玩，或将其放在床上，在他身后放一些棉垫或一床被子让其靠坐。之后，可慢慢减少其身后靠的东西，甚至可以让其独坐片刻。

3.此时也可以多练习爬的动作。

4.练习直立跳跃是此时婴儿最愉快的游戏之一。家长抱婴儿坐下，双手扶住婴儿的腋下，让婴儿的双脚在家长的腿上一蹿一蹿地跳跃。每次一分钟左右，每天可以练习2～3次。这种练习可为婴儿学习站立做准备。

游戏推荐

游戏一： 坐一坐，站一站

游戏目标： 帮助孩子练习坐和立的动作

游戏过程： 孩子情绪稳定时，看护人让孩子仰卧在床上或垫子上。看护人用孩子喜欢的有声响的玩具引逗孩子注意，之后把玩具放在高处。看护人边说儿歌边扶孩子的双臂让孩子坐起。然后，看护人双手托住孩子腋下，使孩子站立，让其够到玩具。孩子情绪好的时候，看护人还可以帮助孩子在床上走走、跳跳。

可配合儿歌：

大手拉小手，我们都是好朋友。
扶着坐一坐，托起站一站，
床上跳一跳，宝宝长得高。

温馨提示：

1.看护人扶着孩子双臂起身时要注意安全，千万不要太用力，以免孩子脱臼。

2.孩子喜欢反复玩游戏，但容易疲劳。看护人要注意，玩3～5次后就要让孩子休息一会儿。可以给孩子做一下全身抚触，以缓解疲劳。

游戏二： 一手一个

游戏目标： 训练孩子手部的精细动作

游戏过程： 孩子仰卧时，看护人把玩具放在孩子眼前进行引逗，鼓励孩子一手抓握一个。孩子坐着时，看护人把玩具放在孩子面前，鼓励孩子一手抓握一个。孩子抓到后，看护人帮助其摇一摇玩具。

可配合儿歌：

小玩具，我爱你，
天天和你做游戏。
一手抓，一手握。
摇摇晃晃真快乐。

温馨提示：

1.孩子不能一手握一个玩具时，看护人可以帮助孩子，把玩具放在孩子手里，然后再帮助其左右晃动。

2.玩抓握游戏时，开始最好用直棒玩具，方便孩子抓握，然后慢慢引进环形抓握玩具。注意可以多准备一些材质不一样的玩具，有利于孩子抓握时有不同的感受和认知。

第5个月语言发展特点与教育

发展与规律

5个月的婴儿辨别语音、语调的能力在增强，能够区别妈妈和其他人的声音，也能区别声音中包含的情绪。

5个月的婴儿会使用不同声调的语音来表达自己的情绪。他们不想躺下时，会发出语调上扬的尖叫声。他们心情愉悦时，会用平和的语气自言自语。这说明他们能够用符合沟通规则的方式和人“交流”了。

特点与兴趣

婴儿咿咿呀呀的发音在这个月龄成为婴儿与家长互动的主要工具。当家长和5个月的婴儿说话时，婴儿会发出声音作为回应。如果家长常常逗引孩子，或者在孩子咿咿呀呀之后，模仿孩子咿咿呀呀地发声，那么婴儿也会用咿咿呀呀的语言做出回应。

方法与促进

1.唱儿歌。5月龄的婴儿辨识语音、语调的能力已有提升，可以多给他们唱儿歌，促进他们对语音、语调的辨别能力。儿童歌曲旋律优美，歌词押韵，能够同时促进婴儿对语音和语调的辨识。家长最好多储备几首儿童歌曲，不时地唱给婴儿听。家长在唱歌时，最好伴随着节奏轻轻晃动婴儿，加深他们对节奏的认知。

2.读童谣和古诗。如一个婴儿从小只与家长交谈，学会的仅仅是与人交谈的口语。若尽早让其接触书面用语，可以让他掌握更丰富的词汇。这个年龄段的婴儿语音辨别能力在增强，可以给婴儿读语言优美的童谣和古诗，让他们记忆和模仿，扩展他们的词汇量，丰富他们的语言。

游戏推荐

游戏一： 谁在叫我

游戏目标： 训练孩子的语音辨别能力

游戏过程： 孩子睡醒或情绪稳定时，让其仰卧或俯卧在床上。看护人在孩子一侧叫他的名字，观察他的反应，并用声音吸引他，让他寻找声音来源。当孩子转头，找到并发出笑声时，看护人要及时表扬和鼓励，可以亲亲孩子或抱抱孩子。如果孩子被一看护人抱着，另一看护人可以在孩子看不见的方向，反复叫孩子的名字，引逗孩子寻找声音来源。孩子找到后，看护人可以和孩子顶顶脑门儿，也可以亲亲孩子，然后换另一侧进行游戏。

可配合儿歌：

宝宝宝宝，听一听，

哪来的声音："宝宝，猜猜我是谁。"

温馨提示：

1.看护人叫孩子名字时，可以模仿不同的声音，以引发孩子的注意。

2.生活中要多叫孩子的名字，帮助孩子认识自己的名字，少用"宝宝""小宝贝"等称呼。

游戏二：我要说话

游戏目标：为孩子营造语言环境，促进孩子语言能力发展

游戏过程：看护人在孩子情绪稳定的情况下，和孩子面对面进行交流："今天你睡得好吗？""你想和我说话对吗？"看护人也可以把汉语拼音的字母一个一个说给孩子听，每说一个字母，看看孩子的反应。看护人还可以和孩子说说当天的天气，说说家里的人或事等。

温馨提示：

1.坚持每天在孩子情绪愉快的情况下和孩子亲切交流，可大大促进孩子语言能力发展。

2.如果孩子发出"o""ɑ"等声音，看护人要积极地回应，也可以重复"o""ɑ"等声音作为回应。

第5个月认知发展特点与教育

发展与规律

视觉

5个月的婴儿已经能够注视相当远的距离的物体。

手眼协调

5个月的婴儿视觉和触觉的协调能力已有长足发展，可以有意识地够到物体，并通过触觉来探索外在世界，例如他们可以较准确地抓到玩具。

注意

5个月的婴儿开始注意数量多而小的物体，例如乐高玩具，同时注意力持续的时间有了显著提高，由原来的几秒发展到现在的几十秒。

记忆

可以记住妈妈的样子，看见妈妈就高兴，会四肢舞动，甚至发出笑声。

特点与兴趣

5个月的婴儿，除了对自己的身体很感兴趣，对外界物体也产生了浓厚兴趣，还能基于其他物体做一些有趣的事，比如按按钮，伸手抓面前的玩具，将拿到的东西往自己嘴里送，等等。这些新的动作能够带给婴儿极大的乐趣，所以他会不断重复。

方法与促进

根据这个月龄的婴儿喜欢探索外部世界的特点，可以同婴儿做如下游戏：

1.从箱中向外拿玩具。为孩子准备一个装满各种物品或玩具的箱子，如绑有铃铛的手帕或绒布熊等，他会一件一件地将箱内的物品或玩具拿出来，他会愉悦地享受这一玩耍的过程。

2.敲打不同的物品。给婴儿一把尺子或一根小棒，让他敲打不同的物品。这种方式可以培养孩子的手眼协调能力。

3.训练孩子两手各拿一个玩具。对婴儿来说，用两手各拿一个玩具相当困难。一开始，当他要拿新玩具时，手上的玩具会不自觉地松掉，但慢慢地他就会用两手各拿一个玩具。当他两手都拿着玩具时，可以试着再给他一个玩具，看他怎么办，以培养他解决问题的能力。

第5个月情绪发展特点与教育

发展与规律

情绪识别

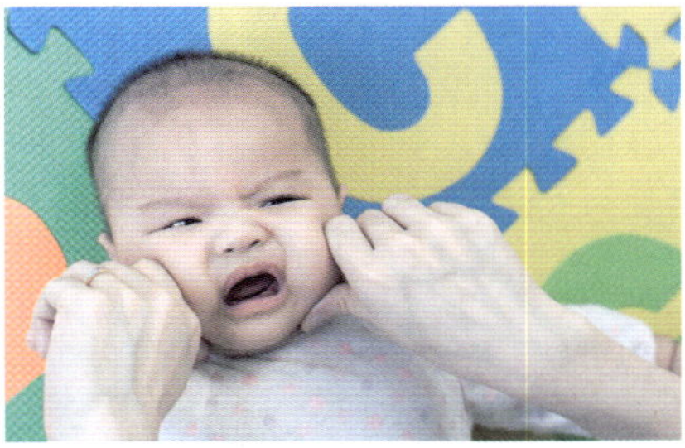

这个月的婴儿开始通过面部表情识别他人的情绪，他们最先识别的是高兴的表情，而后就可以识别愤怒的情绪了。这种能力可以为他们与抚养人建立依恋关系做好准备。

情绪的适应性

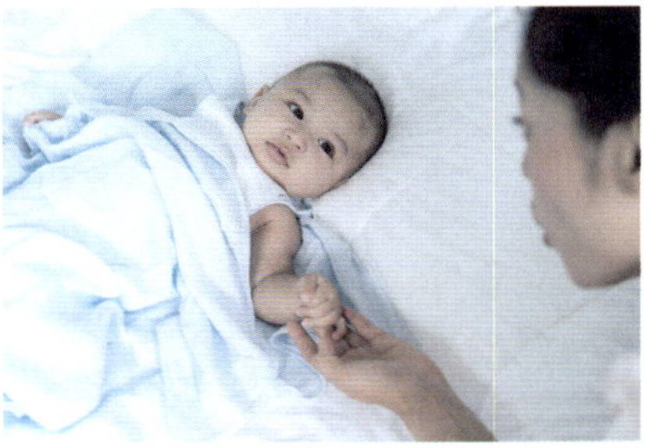

这个月的婴儿，会根据外在环境的变化做出相应的表情，例如，妈妈高兴地伸出双手拥抱婴儿时，婴儿就会表现得很兴奋；如果妈妈很生气，瞪着眼睛，婴儿就会表现出害怕并躲避的样子。也即，他们已经可以区分积极情绪和消极情绪了。

特点与兴趣

5个月的婴儿，情绪丰富，对环境敏感，喜欢和家人说话，对和抚养者之间的互动越来越有兴趣。当然，他们更喜欢积极的情绪互动。

5个月的婴儿，喜欢看镜子里的自

己。当然，他们这时候还不知道镜子里的那个人是自己。

5个月的婴儿对躲猫猫游戏和新鲜的玩具都很感兴趣。这可以促进宝宝知觉的进一步发展。

方法与促进

婴儿的情绪系统日渐完善，除了基本情绪外，复杂的社会性情绪也开始出现。而且，伴随情绪识别和情绪理解能力的不断增强，他们对情绪的敏感度越来越高。这时候是培养婴儿情商最好的时候。

1.跟婴儿的交流中多使用情绪词汇，如高兴、难过、生气、害怕等；多说简单一点儿的单词，并且要多重复；情绪和表情一定要对应，以让婴儿更快地识别情绪，并理解情绪的意义。

2.不管是在跟婴儿的日常互动中还是在游戏中，例如给婴儿做抚触、和婴儿玩拨浪鼓，我们要带着愉悦的表情，多模仿婴儿发音，他们发什么音，我们就发什么音。他们会因为自己被理解了而更高兴，也会更多地模仿我们的语言。

3.虽然婴儿可以识别并理解诸如害怕、恐惧、难过、生气这样的负性情绪，我们在日常生活和游戏中还是尽可能不要制造这样的气氛。这个阶段，发展婴儿的积极情绪是很重要的。随着年龄的增长，他们会不断体验负性情绪。平时游戏时，要多让婴儿笑。这样，婴儿会更有安全感，性格会更乐观，适应能力也会更强。

第6～8个月

第6～8个月运动发展特点与教育

发展与规律

6个月时，婴儿会身体前倾独坐片刻，并且会用手支撑着；会抓握自己的脚玩耍；大人扶着站立时，两脚会做蹦跳动作；开始学习爬行；伸手动作越来越多，对于任何在眼前的东西都想伸手去抓，动作快且准，不相干动作在减少；会撕纸、抓开蒙在脸上的手帕；会扔东西；玩具能从一手递交到另一手；喜欢到室外玩。

7个半月左右，婴儿能够自由翻转；能双手扶着物体站立，会爬；会用拇指和其他手指配合抓玩具；能用一个玩具敲打另一个玩具；能自如地独坐，能坐稳，不需要扶持；可以腹部贴地，用手臂带动身体和两腿前进，即匍匐爬行。

约在8个月时，婴儿能用手和脚支撑爬行；能自己拿饼干吃；拿东西时，能抓得很紧，能够按物体的形状、大小和位置变换手的姿势；会寻找掉落的玩具。

特点与兴趣

这时候婴儿已能靠着物体独坐，但时间不能过长，以避免脊柱弯曲；脊柱、颈椎的灵活性有待提高，婴儿被竖抱时，另一个人可以在婴儿背后逗他，激发婴儿转身的倾向；精细动作有所提高，准确抓握能力已有长足发展；手眼动作协调有待加强；可以开始训练拇指与他指对捏。

方法与促进

1.婴儿这时已能够独坐，家长要经常让婴儿练习用双手拉着大人的手指坐起来的能力。

2.把各种玩具放在婴儿够得着的地方，让他练习伸手抓握。

3.每天鼓励婴儿坐着玩一会儿，时间不要太长，开始时5～10分钟为宜，每天可练习3～4次。

4.婴儿这时喜欢翻滚，家长可以给婴儿准备平坦且不太软的床、沙发、可铺在地上的席子、爬行垫等，让婴儿俯卧，并用一件能发出声响的色彩鲜艳的玩具引逗婴儿从俯卧变为侧卧、仰卧，再从仰卧变为侧卧、俯卧，但是一定要注意安全。

5.随着婴儿动作的发展，原地打转也变为一种好玩的运动。让婴儿俯卧在床上，家长用玩具在婴儿一侧引逗，使婴儿用腹部做支点四肢腾空。婴儿上肢想够取玩具时，下肢也会着急地运动，身体因此就会在床上打转转。

6.见到陌生人就哭、抵触新环境的婴儿往往是因为触觉过于敏感。家长可以通过一些简单的方法来唤醒婴儿的触觉皮肤，以缓解这种敏感的状况。比如，找一个吹风机，调到微风挡，缓缓吹婴儿的皮肤；用软刷子轻刷婴儿的身体；拿梳子轻轻敲击孩子的皮肤等。

7.婴儿醒着的时候，如果他愿意坐，家长要尽量引逗婴儿坐着玩。在婴儿坐着时，可以由家长把住他的食指，帮助他摆弄玩具，使玩具转动、发声等；也可以在婴儿不知不觉中将玩具放在他的身后，引导他寻找。

8.在教婴儿认识动物玩具的名称的同时，可教他模仿动物的叫声、动作等，还可以教他指认玩具娃娃或动物的五官。

9.爬行是婴儿运动发展过程中的一个重要里程碑，是一种极好的全身运动。婴儿由于协调性不够，因此会经常变换方向爬行，需要家长提供宽大的、安全的爬行空间。

10.婴儿在床上爬行时，床不要太软，家长要在一旁看护。最好在地上铺好垫子练习爬行，这样可以避免从高处摔下来的危险。

11.开始爬行时，多数婴儿会后退着爬行。这时家长可以在婴儿面前放上他喜欢的玩具，并在前方呼唤他的名字，以引逗他向前爬行。

12.家长可以在婴儿身后，用双手抵住婴儿的双脚帮助婴儿用力向前爬。开始爬行时，婴儿的腹部不会离开床面或地面，只会匍匐前进，以后随着练习的增多，逐渐会手膝爬行，动作也会越来越协调。

13.七八个月大时，婴儿会慢慢学会爬行，并不断地通过努力抬头、仰脖子，来锻炼前庭觉。向前爬行的过程对孩子来说也是一个探索的过程，能够提高孩子的手眼协调及视听能力。

游戏推荐

游戏一： 我爱爬爬

游戏目标： 教孩子练习手足爬行

游戏过程： 看护人在保证四周安全的情况下，手拿玩具与孩子面对面引逗孩子爬过来，也可以边说儿歌边引逗孩子。

可配合儿歌：

我的本领真真大，
我要学着爬一爬。

爬一爬，爬一爬，

拿到玩具笑哈哈。

温馨提示：

1.孩子爬得不太好时，可以把玩具放在孩子前面不远处，站在孩子背后，鼓励他去拿玩具。如果孩子向后退，看护人可以用手掌托住孩子的小脚，给他一个向前的力，帮助孩子向前爬行。

2.孩子在这个阶段动作发展快，喜欢到处爬。看护人要顺应孩子发展的需要，给孩子提供地垫等，鼓励孩子多爬。孩子容易疲劳，一次性练习时间要短。每天爬行练习可坚持3～4次。

游戏二：我要吃饼干

游戏目标：促进孩子手眼协调能力及精细动作能力发展

游戏过程：看护人让孩子坐好，给他看看眼前小碗里的饼干，鼓励他自己拿饼干，自己吃。看护人在一旁，边观察孩子吃边说儿歌。

可配合儿歌：

饼干饼干长长，

放进嘴里尝尝。

我用小手拿拿，

吧唧吧唧真香。

温馨提示：

1.孩子在长牙期间，需要用食物磨牙。只要是孩子能够自己拿起的食物，看护人都可以让孩子自己拿，自己吃。要多给孩子提供动手的机会。

2.平时还要引导孩子拿、握、摇晃有声响的玩具，帮助孩子锻炼小手动作的灵活性。

游戏三：靠靠坐坐

游戏目标：引导孩子坐着玩玩具

游戏过程： 用被子或枕头帮助孩子固定住身体坐好，把玩具放在孩子面前。看护人和孩子面对面一起玩玩具。

可配合儿歌：

小宝宝，本领大，
靠一靠，坐一坐。
看看眼前有什么，
妈妈和你说一说。

温馨提示：

1.开始时，坐着玩游戏，时间不要太长，3～5分钟为宜，之后视情况逐渐增加游戏时间。

2.孩子玩完游戏后，看护人最好能够帮助孩子按摩一下腿部或全身，以缓解身体的疲劳。

游戏四： 我来扔吧

游戏目标： 促进孩子精细动作能力的发展

游戏过程： 看护人和孩子坐在一起，把玩具放在孩子面前，引导孩子拿玩具，扔玩具。孩子不会玩时，看护人可以当着孩子的面边玩边说："我把玩具拿起来，我把玩具扔下去。"看护人甚至可以把小玩具放在孩子的手里，鼓励他将玩具扔掉。

可配合儿歌：

小手抓抓，我来扔扔。
抓抓扔扔，长长本领。

温馨提示：

1.孩子需要学习抓握，也需要学习放手。看护人要给孩子提供机会，鼓励孩子大胆放手。

2.孩子扔的动作熟练了，可以让孩子把玩具放进事先准备好的筐里或盒子里。

第6～8个月语言发展特点与教育

发展与规律

6个月的婴儿能够更好地控制发音器官，可以发出更多的音。他的发音也出现了语调。他发的有些音已经类似正式的词语，如“爸爸”“妈妈”“哥哥”等，但是婴儿还不能将这些发音和现实中的爸爸、妈妈、哥哥等对应起来，所以这些音属于无意义的发音。

7～8个月的婴儿能够辨别更多的语音、语调，尤其能够根据家长的语调判断他们的情绪。如果妈妈用愤怒的语调说话，他会哇哇大哭。如果妈妈用平和的愉悦的语气说话，他会高兴地做出回应。

7～8个月的婴儿语言理解能力大大提升，能够听懂家长日常生活中的很多语言。比如，家长问：“小汽车在哪里？”这个月龄的婴儿会看向小汽车，或者用手指认。但是他大多时候并不能真正懂得家长说话的含义，只能根据家长说话的语调和手势推断家长想表达的意思。

7～8个月的婴儿有着更复杂的“咿呀学语”，他不仅在自己玩耍时会说这种语言，当和其他同龄婴儿在一起时，他也会用这些语言交谈。婴儿还会用语音来吸引别人对他的注意。比如，哥哥在家里制造噪声，7个月的弟弟会朝哥哥“咿咿呀呀”说上一通，以制止哥哥制造噪声的行为。

特点与兴趣

和5月龄的婴儿相似，6月龄的婴儿在独自玩耍时，也喜欢自言自语，这是在练习发音。家长逗引他时，他能发出类似语言的声音。

在7～8个月身体语言期，婴儿能用体态表达意见，不但有表情、有动作，有时还会发出声音。当他兴奋、愉快时，他会咧嘴笑。表达要求时，他会撇嘴。男婴通常以噘嘴来表示要小便，女婴则多以咧嘴或上唇紧含下唇来表示要小便。眉筋突暴，然后脸部发红，目光发呆，这是要大便的信号。大多数婴儿在吃饱、尿布干净，而且还没有睡意时，会玩弄自己的嘴唇、舌头，或吮手指和吐气泡。这时婴儿更愿意独自玩耍，不愿意别人打扰。7个月时，婴儿会张开双臂，将身体扑向亲人，要求拥抱、亲热。若陌生人想要抱他，他则会转头冷脸避开，表示不愿意与陌生人交往。8个月时，婴儿会以拍手和笑脸表示高兴，以点头表示谢谢，以摇头表示拒绝。

方法与促进

1.建立语音和物体之间的联系。6月龄的婴儿能有指向性地发出一些语音，此时家长要及时回应孩子的发音，并要用手指向对应的物体或人。如，爸爸在抱婴儿时，可以用手指着妈妈说："这是妈妈。"用类似的方式可以帮助婴儿把发音与人或物联系起来。在这个过程中，家长应当使用准确、简洁、易懂的语言与婴儿对话，帮助他逐步建立语音、语意和实物之间的联系。

2.开展早期阅读活动。家长可以选择一些适合这一年龄阶段的读物，尽早开展早期阅读，如各种图片，注意背景要简单，色彩对比要强烈，主要认知物要突出、明朗。阅读时，家长要边指导婴儿观看画面边用语言进行讲解，最好采取点读的方法，即家长用手指点着画面或文字，指到哪儿就讲到哪儿，以使婴儿的注意力集中在正在阅读的内容上。如果缺少和日常生活联系密切的图书，可以自制图书，比如用家人的照片制作一本图册，和孩子一起指认图册中的家庭成员。

3.7～8个月是婴儿人生第一年最善于模仿的时期，要充分利用这段宝贵的、最利于进行语言教育的时期，让婴儿认识家里的常用物品，学习礼貌用语、称赞用语以及和常用动作相关的用语。

4.还可以和婴儿一起做一些简单的指令游戏。做法是，父母面对婴儿，发出简单的指令，如叫婴儿拍拍手、摇摇头或伸出舌头笑一笑等。家长可以一边说一边亲自做示范给婴儿看。如果婴儿能够了解父母所说的内容，家长可以只说话，不做示范。

5.对待婴儿，要有足够的耐心。当婴儿指着他想要的东西时，家长不要急于拿给婴儿，而是要鼓励他一边指着东西一边发出声音来，教他把打手势与声音结合起来，直到最后用语言代替手势。另外，要注意让婴儿经常保持愉快的情绪。在其他条件相同的情况下，快乐的孩子常常比不快乐的孩子学说话要快些。

游戏推荐

游戏一：看一看，指一指

游戏目标：促进孩子认知能力的发展

游戏过程：在孩子情绪愉悦的时候，看护人和孩子并排坐在一起。看护人拿着书，给孩子讲书上的内容，然后把着孩子的手指认或触摸书本。看护人要特别注意观察孩子的反应，孩子喜欢的话可以重复玩这个游戏。

温馨提示：

1.每天早、中、晚定时给孩子讲婴儿画报或他喜欢看的图书，每次5分钟左右，可大大促进孩子认知发展。

2.孩子虽然不能说，但是他看得见、听得见、摸得到，他能够感受到，这是一个吸收、储备言语和认知综合发展的过程，家长要引起重视。

游戏二：说一说，乐一乐

游戏目标：鼓励孩子说话

游戏过程：看护人和孩子面对面用眼神交流。看护人也可以用双手握住孩子的手，边说儿歌边亲切地、有节奏地轻拍孩子的小手。

温馨提示：

1.只要孩子清醒，情绪愉悦，看护人就要尽量多和孩子用语言交流。

2.看护人可以和孩子一起玩有声响、能动的玩具，玩的过程中务必伴随语言说明，如：“你用一只手够到了能出声的响球。”“这是一个红色的，圆圆的球。”“你真棒，能用两只手抱着它。”

游戏三：妈妈在哪里

游戏目标：促进孩子听音、辨音能力的发展

游戏过程：爸爸抱着孩子，妈妈躲在孩子身后叫孩子的名字。当孩子转过头来找妈妈时，妈妈跑到另一边叫孩子的名字，逗引孩子继续来找妈妈。

可配合儿歌：

宝宝和妈妈做游戏，
妈妈，妈妈，在哪里？
宝宝，宝宝，来找找！

温馨提示：

1.看护人和孩子玩耍时最好边说儿歌边游戏。

2.父母只要有时间就要尽量多和孩子一起游戏。父母一起出现的次数越多，让孩子感受到爱的机会就越多。

游戏四：宝宝来找我

游戏目标：促进孩子听音、辨音能力的发展

游戏过程：孩子仰卧在床上，情绪愉悦时，看护人藏在孩子左右或附近他看不见的地方，反复叫孩子的名字，逗引孩子转头寻找，并观察孩子的反应。孩子心情好时，可以重复玩3～5遍。

温馨提示：

1.和孩子交流多用其名字，少用“宝贝”“宝宝”等词。

2.对孩子的咿呀发音要给予及时应答和热情鼓励。

第6～8个月认知发展特点与教育

发展与规律

视敏度

6月龄是婴儿视敏度发展的关键期。视敏度是指分辨物体细微结构的能力。6个月的婴儿已经能辨别大小，已具备有限的大小恒常性，也就是当物体由于距离远近在视网膜上的成像大小发生变化时，婴儿不会认为物体本身的大小发生了改变。

视知觉

7～8个月婴儿的视知觉能力持续发展，仰躺时能抬头巡视四周，坐着或站立时能随着大人的视线或手势而注意某人或某物；具有了形状恒常性；能在人群中辨识家人，也可从照片中认出妈妈。

视触觉联合发展

随着手眼协调能力的发展，7个月以后的婴儿能通过视觉和触觉同时探索外部世界。他可以用双手对自己感兴趣的物体进行挤、甩、滚、摆弄，这种探索可以帮他更详细、更全面地了解具体物体的各个方面。看到前方有玩具，他会伸手去拿。看到吸引他的东西，他会以各种可能的移动方式到达目的地，拿到吸引他的物品。

记忆

7～8个月的婴儿大脑已经具备了自主感知和短暂记忆，能够寻找并发现被简单转移的物体。比如，你将一个玩具藏在A位置，每次他都能立即找到玩具，但当你把这个玩具从他手中拿走，放到B位置，他虽然已经看到了这个动作轨迹，而让他自己去寻找玩具的时候，他还是会转向最初藏玩具的A位置。

特点与兴趣

婴儿这时喜欢寻找掉落的东西，也喜欢玩躲猫猫游戏，这是因为他的智力发展到了新的水平，具备了“客体永久性”。6个月前，如果婴儿看到物体不见了，就以为是消失了，但现在他意识到，外界的物体并不会因为自己看不到而不存在，这就是客体永久性的意思。所以，这个月龄非常适宜的游戏，就是躲猫猫游戏或让婴儿去寻找一部分被藏起来的玩具。

这个月龄的婴儿还特别喜欢模仿大人的动作，只是模仿得不够准确。你对他做出弯曲和伸直手指的动作，他模仿的结果可能就是张开或握紧整个手掌。也就是说，这个阶段的婴儿模仿图式是不准确的，如果要他更为准确地模仿某个动作，需要进行几天或者数周的练习。

方法与促进

1.要经常和婴儿一起观察运动的物体。当天空有小鸟或飞机飞过时，指给婴儿看，引导他观察运动的物体，训练其追视能力。

2.还可以和婴儿玩“忽远忽近”的游戏，培养他的三维空间知觉。比如，爸爸妈妈拿着玩具跑来跑去，一会儿靠近婴儿，一会儿远离婴儿。当物体慢慢靠近时，视网膜上会呈现“近大远小”的空间感知。在这个过程中，婴儿对物体的大小和形状将逐渐熟悉，慢慢就能发展出大小恒常和形状恒常的认知。

3.七八个月的婴儿具备了一定的精细动作能力，喜欢玩揉纸和撕纸的游戏，这也是训练婴儿手指灵活性的一个好办法。可以给他各种不同的纸，如广告纸、包装纸、玻璃纸、卫生纸等，让他感受每种纸摸起来及撕起来的感觉、声音都是不一样的。

4.这个月龄的婴儿自己可以自由抓握物体，甚至可以找出具有相同特点的物体。家长可以提供一些相似而又有差异的玩具，在婴儿玩耍时，把婴儿的一个玩具突然拿走，看看婴儿是否意识到自己的某个玩具不见了，过一会儿再把这个玩具拿回来，引导婴儿观察玩具间的差异，以此培养婴儿的观察力。

第6～8个月情绪发展特点与教育

发展与规律

情绪表达

6～8个月的婴儿出现了分离焦虑和陌生人焦虑，害怕与妈妈分开，害怕与陌生人接触。

婴儿并不会对所有陌生人都感到害怕，影响因素包括：（1）父母是否在场，如果父母在场，他的焦虑就会减少。（2）环境是否熟悉，熟悉的环境能降低婴儿的焦虑程度，所以在家里遇到陌生人，他不会大哭大闹。（3）陌生人距离他越近，他就越害怕。陌生人若长得棱角特别分明，或留着大胡子，他会更害怕。（4）如果家里许多人都在婴儿身边，他就不害怕。（5）妈妈与婴儿关系亲密，且不会在他有情绪的时候还非

得“锻炼宝宝的胆量”，而是给予理解和接纳，他就不会焦虑。（6）婴儿从小获得的听觉刺激和视觉刺激越多，越不容易怯生。

亲子依恋

依恋是我们与特定人的强烈的情感联结。有安全的亲子依恋，儿童才可以不断获得适应社会、发展自我的心理品质，这也是他成人以后获得幸福的基础。

心理学家艾恩斯沃斯使用陌生人情境法，将亲子依恋分为四种：安全型依恋，约占65%；回避型依恋，约占20%；抗拒型依恋，约占10%～15%；混乱/紊乱型依恋，约占5%～10%。具体见下表：

依恋种类	比例	表现
安全型依恋	65%	会主动探索周边的环境，但会时不时地寻找与妈妈的联结；当他感到不安全时，会主动寻求安慰。这表明，妈妈对婴儿发出的信号要非常敏感并要及时回应。
回避型依恋	20%	对妈妈是否在场无所谓，妈妈离开时不会表示反抗，而是直接忽略，不予理会，自己玩自己的，看上去很少表现得不安；妈妈回来了，也没有表现得很高兴，看上去一直都很平静。实际上这类婴儿并没有与妈妈形成安全的依恋关系。
抗拒型依恋	10%～15%	对妈妈的离开感到非常痛苦，极其抗拒，每次分离都会引起极强烈的情绪反应。可当妈妈回来后，婴儿对妈妈的态度又很矛盾，既想让妈妈抱，又有些反抗。妈妈要是主动抱他，他会生气地拒绝和推开，可是他也不能安心地去做其他的事情，总是在看妈妈。
混乱/紊乱型依恋	5%～10%	没有安全感。妈妈回来时，他无所适从。妈妈拥抱他，他甚至还会有些忧伤，会躲避妈妈的目光。有些婴儿可能会在得到妈妈的安抚后大哭。还有些婴儿可能会躲开母亲，站着一动不动，瘫软在地，好像陷入了一种茫然的、恍惚的状态。

特点与兴趣

6～8个月的婴儿情绪开始与记忆相关。他可以因为回忆曾经的经验而表现出不同的情绪，例如跟妈妈分离时，他玩着玩着突然想起妈妈，就会难过悲伤起来，但看到妈妈买给自己的玩具时，又会高兴起来。

这个时候，有些婴儿出现了对爸爸的依恋，这对于缓解妈妈的产后抑郁是非常重要的。孩子与母亲的依恋主要通过身体接触和语言交流，而与父亲的依恋主要通过游戏交流。

6～8个月的婴儿可以分辨成人友善与不友善的语气。他不但可以通过面部表情来识别情绪，而且可以通过语音声调的变化揣摩对方的态度。

方法与促进

这个阶段，父母与婴儿形成安全的依恋关系极为重要。

1.如何应对婴儿的分离焦虑？当妈妈要跟婴儿分开时，一定要有分离仪式。要让婴儿知道，妈妈要离开他一段时间，但还会再出现。妈妈离开时，最好跟婴儿有一些肢体上的接触，如拥抱、亲吻，甚至短时的陪伴。妈妈不要趁婴儿不注意的时候悄悄溜走。妈妈要让婴儿知道，妈妈会在什么时间回来，并且一定要说到做到。

2.如何应对婴儿的陌生人焦虑？不要强迫婴儿主动跟陌生人沟通，多陪伴婴儿接触陌生的环境；当遇到那些“善良”的陌生人时，我们可以刻意地远离，不要营造让婴儿焦虑、害怕的气氛。

在不安全型依恋关系中，父母应该如何应对？

1.在回避型的依恋中，父母通常对婴儿不敏感，表现得比较消极，很少满足婴儿的需要，很少从与孩子的亲密接触中获得乐趣。还有一种情况是，父母对婴儿过于热情，刺激过度，经常对婴儿喋喋不休，强行给婴儿制造某种需要，比如非要说他冷了、饿了，让他很是无奈。

2.在抗拒型的依恋中，父母的教养方式通常不一致。他们对婴儿的需要忽冷忽热，情绪好的时候，可以满足婴儿所有的需要，但他们情绪不好的时候，婴儿的任何需要都会被否定。婴儿对父母的态度无所适从，久而失望。为了获得关注，他们要么黏住父母，要么哭闹，如果一切努力都无

效的话，他们就会变得愤怒。

3.在混乱/紊乱型的依恋中，父母常常忽视婴儿的任何需要。在这种依恋关系中的婴儿，通常情绪极其抑郁，因为父母常常表现出极不稳定的恐惧、痛苦的情绪。

大量研究表明，具有安全型依恋关系的儿童与具有不安全型依恋关系的同龄人相比，他们通常更有自信，更积极，有更好的社交能力和专注力。而具有不安全型依恋关系的儿童1岁后就会表现出社会性和情绪上的退缩，依赖性强，不愿参加多人游戏，缺乏好奇心，学习兴趣不强，也不会为了一个目标而努力。回避型儿童甚至常常引发他人的愤怒，也更容易欺负他人，而矛盾型儿童常常是被欺负的那一类人。所以，妈妈和爸爸要主动调整教养方式，让孩子从小拥有安全型的亲子依恋关系。

第9～10个月

第9～10个月运动发展特点与教育

发展与规律

9个多月的婴儿能从卧位坐起来，能稳定独坐；动作逐渐协调，能坐着吃，能转身爬。10个月以后，婴儿在大人的扶持下会走；会从抽屉或箱中取出玩具；会用拇指和食指捏取小东西；抓着床栏杆或他人的手能从仰卧位坐起甚至站立，但是时间不能过长；能爬楼梯；开始尝试独自站立。

特点与兴趣

可以用拇指和食指捏取小东西；可以扶栏蹲下；喜欢成人扶着腋下行走；能够蹲下捡拾玩具。

方法与促进

1.给婴儿提供带栏杆的小床、活动圈，或是在沙发前、床前空出一块地方，让婴儿扶着或靠着练习站立。开始学站时，婴儿会摇摆不定，站不稳，家长可以在其两侧用手给些力量扶着他站好，哪怕只是一两秒钟。家长一定要保护好婴儿，并要帮助婴儿树立信心。

2.坐下也需要练习。在婴儿处于扶站姿势时，家长可以有意识地把一些玩具放在婴儿的脚下，鼓励他去拿。刚开始时婴儿可能一下子坐不下去，甚至会摔倒，家长要保护好婴儿。

3.随着婴儿慢慢长大，他能够自己自由地玩一会儿。成人可以给婴儿准备一块安全的活动场地，最好在地上铺好垫子或地毯，让婴儿在上面玩。

游戏推荐

游戏一： 我能站站

游戏目标： 训练孩子站立的能力

游戏过程： 看护人把孩子轻轻放在垫子上，面对面扶着孩子站好后，边说儿歌边松手，看孩子的站立情况给予帮扶。

可配合儿歌：

宝宝，宝宝，真能干，
垫子上，站一站。
站一站，站一站，
我的宝宝看得远。

温馨提示：

1.看护人让孩子站立时可以用有声响的玩具吸引孩子注意。

2.孩子还小，每次游戏反复站立的次数以3～5次为宜，每次以2～3秒为宜。之后，看护人要搂抱孩子给予鼓励，也可以做全身的抚触，帮助孩子缓解疲劳。

游戏二： 我来喂你

游戏目标： 给孩子提供动手拿、抓、握的机会，锻炼其小手动作的灵活性。

游戏过程： 把孩子喜欢的玩具小猪（也可以用其他动物玩具）放在空盒子边上，引导孩子看看盒子里的豆豆，并说："小猪想吃豆豆，我们一起帮帮它好吗？”看护人边说边用食指和拇指拿起一颗豆豆喂给小猪，然后鼓励孩子也来喂小猪。

可配合儿歌：

食指和拇指，
见面握握手。
捏起小豆豆，
放进嘴里头。

温馨提示：

1.看护人要注意观察孩子捏取豆豆的动作，边玩边引导孩子说：“我捏了一颗豆豆。”“我喂小猪吃豆豆。”

2.孩子还小，捏取动作容易使其小手疲劳。看护人要注意，每次和孩子玩5～10分钟就可以了，不要忘记鼓励孩子左右手轮流捏取。

第9～10个月语言发展特点与教育

发展与规律

婴儿咿呀学语的发音这时进入了一个更为复杂的时期。这时，他们能够发出一连串不同的辅音加元音组成的音节，并且在不断增多，语调也开始明显多样化，还能模仿一些非语言的声音或成人发出的语音，这标志着婴儿很快就能说话了。大约从10个月开始，婴儿会说出第一个有意义的单词，这是婴儿语言发展过程中最为重要的里程碑。婴儿最初掌握的词语，都与某一特定的对象有联系，与他每日所感知、接收的语言有着必然的联系，具有专指的性质，如“狗狗”就是指他自己的玩具狗。

婴儿大约从9个月开始才真正理解成人的语言，如问他：“妈妈在哪里？”婴儿能把目光或头转向妈妈或用手指向妈妈。到9个月之后，他的理解力及反应程度迅速发展。10个月之后一直到1岁半，婴儿的前语言交际具有了语言交际功能。虽然他还不会用说话的方式清楚地表达自己的意见，但已能够通过一定的语音、动作和表情的组合与成人沟通，具体表现在，能理解成人简单的命令，并用动作做出反应。这是婴儿真正理解语言的一种表现，如成人说：“跟姐姐再见！”婴儿就会挥挥小手。

特点与兴趣

9个月，婴儿咿呀学语的兴趣达到高峰，他不仅能重复不同音节的发音，还能用不同音调发同一音节。这个阶段的孩子不停地咿咿呀呀，能从这种咿咿呀呀中获得极大的乐趣。虽然婴儿这时说的语言不是真正的语言，但是大量的发音练习使他的发音器官得到了锻炼。

方法与促进

1.成人应引导婴儿发出新语音。成人可以经常和婴儿一起学一些小动物的叫声，成人的表现可以夸张一些。成人先示范后，鼓励婴儿模仿。如：“小狗叫，汪汪汪。”“小羊叫，咩咩咩。”“小牛叫，哞哞哞。”“小猫叫，喵喵喵。”“小鸭叫，嘎嘎嘎。”“青蛙叫，呱呱呱。”等等。

2.对婴儿发出的新语音要及时给予鼓励，如可以拍手叫好、亲亲他、摸摸他的头等，这种热情的鼓励将使婴儿得到极大鼓舞。婴儿尝试发新语音时，开始时也许并不准确，成人可以用多种形式示范正确的发音，以让婴儿及时调整发音，反复练习正确的发音。

游戏推荐

游戏： 顶脑门儿

游戏目标： 教孩子按照看护人的指令做动作

游戏过程： 看护人抱着孩子对他说：“宝宝，和我顶脑门儿。”然后把头夸张地伸过去，轻轻地碰碰孩子的脑门儿。游戏可以反复进行。如果孩子喜欢，可以让他和家里熟悉的人都玩一玩。

可配合儿歌：

你有大脑门儿，
我有小脑门儿，
脑门儿碰脑门儿，
顶个门儿……

温馨提示：

1.孩子学会的动作和行为，需要在游戏中反复练习。看护人要耐心引导，多鼓励。

2.看护人要坚持每天都抽出一定的时间与孩子做游戏，尤其要多和孩子进行语言交流。

第9～10个月认知发展特点与教育

发展与规律

视觉辨别

9～10个月的婴儿视觉辨别能力增强，能从不熟悉的面孔中分辨出熟悉的面孔。

注意

注意力已经不完全集中在视觉方面，而是开始基于更多的感觉通路，如听觉、嗅觉、味觉和触觉，如他可以抓住一个小球玩很久。

记忆

9～10个月的婴儿记忆力大大提升，能模仿他24小时前看到的某个动作，比如，前一天看到有小朋友按压玩具小熊的鼻子，小熊能发出“呵呵”的笑声，第二天自己拿到小熊时，会首先按压小熊的鼻子，想看看小熊能否像昨天那样发出声音。

有目的的行为

9～10个月的婴儿开始发展思维能力了，出现了有目的的行为，如可以用手指出要去的方向、用手遮脸拒绝洗脸、会挥手表示再见等。他还能领悟一些简单的手势或动作语言，并对此有所反应。比如，他爬到床边时，家长大叫了一声，并向他摆摆手，他就能停下来不再向前爬；当他看到家长拿出他的小餐椅，他就知道要开饭了，脸上会露出愉悦的表情；吃饭的时候，家长喂饭，他会张嘴等待。

自娱自乐

9～10个月的婴儿能找出藏在手帕下的玩具，会主动拿着手帕玩躲猫猫游戏。

特点与兴趣

随着婴儿感知能力的发展，他对周围环境及物品越来越感兴趣，尤其是日用品。9～10个月的婴儿喜欢把玩生活用品。比如，他会模仿大人打电话，喜欢到厨房拿起铲子、勺子敲敲打打。此外，在看卡片、册子或图书时，他喜欢看熟悉的物品的图片，如印有奶瓶的婴儿用品宣传册、印有苹果的卡片等。

方法与促进

9～10个月的婴儿与人交往的意愿增强，家长可以通过互动游戏，促进婴儿认知能力的发展。下面介绍一些互动游戏。

1.握手游戏。教婴儿与人握手：让婴儿“伸手”，并引导他伸出手来同别人握手。如果婴儿懂得在妈妈说“手”时伸手，表明他已经认识手这个身体部位了。

2.升级版捉迷藏游戏。比如，早上醒来后躲在被子里让婴儿找找你，或者你找找他。另外，可以在洗澡时拿条大毛巾盖住婴儿，然后问：“宝宝在哪里？”

3.“去哪儿了”游戏。带着婴儿坐在地上，拿出一个他喜欢的玩具让他玩一会儿，然后当着他的面用衣服盖住玩具，让他找玩具。这个游戏会让婴儿知道看不见的物体并不是消失了，能够促进婴儿“客体永久性”概念的进一步发展。

4.假装游戏。让婴儿坐在一个高椅子上，或者坐在桌边，在他面前放一个小托盘，在小托盘里放一个小杯子。你首先举起杯子假装喝里边的东西，同时说一些像“啊呜……啊呜”或“好喝……好喝”之类的话。然后你把杯子举到婴儿嘴边，当婴儿假装喝的时候，你也说同样的话，最后把杯子放在小托盘上，看看婴儿是否会自己模仿着将杯子举到自己嘴边。

第9～10个月情绪发展特点与教育

发展与规律

情绪理解

9～10个月的婴儿，对情绪的理解能力在继续加强。他甚至可以把多种情绪线索匹配起来，例如听见悲伤的声音，他可能会出现难过的表情。

情绪表达与情绪调节

这个年龄的婴儿，分离焦虑和陌生人焦虑都到达了高峰。他会很黏妈妈，这也是正常的。9个月的婴儿通常会爬了，所以当他面对害怕、厌恶、痛苦的刺激时，可以通过爬来逃避，也就是说他拥有了最基本的调节情绪的本领。

社会参照

这个阶段的婴儿开始出现社会性参照能力，即当他处于陌生的环境时，他会从成人的面孔上搜寻表情信息，然后再采取相应的行动。这种能力可以帮助婴儿缓解陌生人焦虑，并可对婴儿的认知发展起到极大的促进作用。

特点与兴趣

这个阶段的婴儿，对情绪的表达更灵活，方式更丰富。他会通过动作、语言、语调、表情以及身体的变化来表达自己的感受和情绪，而且会用动作、表情来回应抚养者。例如，妈妈伸开双臂要拥抱婴儿时，他也会高兴地爬过去迎合妈妈的动作。

这个阶段的婴儿对与他人互动、说话很感兴趣，很喜欢家长陪伴在身边，喜欢跟自己做游戏。如果家长拿出书来给婴儿读故事，他可以安静地听很久。当然，他虽然对书很感兴趣，但他对书的破坏力远大于他对听故事的兴趣。除此之外，他对家里一切不让碰的东西都十分感兴趣，什么锅碗

瓢盆、垃圾桶、电池、插座……但凡可以爬到的地方，他都想一探究竟。

这个阶段的婴儿发展出了最初的社交意识，他会主动跟同龄小朋友"聊天"。

方法与促进

9～10个月的婴儿，可以读懂家人80%的语言信息，也可以理解家人的很多情绪。

1.努力和婴儿建立安全的依恋关系；对婴儿的自由探索要给予支持和帮助；不要总是限制他的努力付出，否则他会产生挫败感和羞愧感。

2.父母是婴儿最重要的社会参照坐标，婴儿会通过观察和模仿父母的言行发展各种能力，所以父母要保持积极乐观的情绪，敏感地关注婴儿的情绪反应和需要，而不是只顾着自己，想说什么就说什么。

3.对于婴儿日益增强的分离焦虑，妈妈应该感到高兴才是，这是建立安全亲密依恋的契机。父母终究要和孩子分离，该分就分，但陪伴的时候一定要提高质量。

第11～12个月

第11～12个月运动发展特点与教育

发展与规律

约在11个月时，婴儿能扶着东西或大人的手蹲下；会扶着物体独立走几步；能用不同的方式玩弄各种物体，试着弄响会发声的东西，如敲打物体，把手指插进小孔里；指尖的灵巧程度提高，会用拇指和食指对捏东西，会玩一些简单的手指游戏；会打开折叠的东西，例如会把书打开、合上；会用手掌握笔涂涂点点。

特点与兴趣

能扶物行走，手膝爬行；会用笔点点涂涂；喜欢搭积木；喜欢打开盒盖，盖好盒盖；能用棍子去够玩具；开始尝试涂涂画画。

方法与促进

独立行走是婴儿身体发育过程中的一个重要里程碑。从11个月到1岁半期间能首次独立行走，都是正常的。

为了促使婴儿练习独立行走，家长要给婴儿准备一个安全的活动空间。开始时，可以让婴儿借助一些低矮的扶手或家具练习扶着东西行走。家长可在离婴儿不远的地方呼唤婴儿的名字，或用好玩的玩具引逗婴儿，鼓励他扶着向前行走；也可以让婴儿推着椅子或小车练习行走；还可以在婴儿身上系一条宽带子由家长保护着进行行走练习。

为了增加婴儿行走的兴趣，家长可以找一根小棍，让婴儿抓住一头，自己抓着另一头牵着婴儿慢慢地走。当然，婴儿这一边最好有一个家长看护。

独立行走的练习最好在婴儿能够独立站立、蹲下、站起来并能保持身体平衡时再开始练习，而不要急于求成。家长可以在草坪上、铺有地垫的地板上或硬床上帮助婴儿练习行走。

在婴儿练习行走期间，如果经常使用学步车可能会对婴儿全身肌肉协调平衡能力的发展不利，也容易导致感觉统合失调，建议少用。

这期间，要加强肌肤的接触刺激。家长可以用手挠婴儿的头颈、胳肢窝、脚底等皮肤触觉敏感处，力度最好是一阵轻一阵重。如果婴儿害怕或抗拒，可先轻轻地抚摩其全身肌肤，等他习惯以后再进行其他力度大一点的触觉刺激。

这期间，要多提供积木、带盖的瓶子、涂鸦笔和纸等，引导婴儿大胆探索，动手做游戏。

游戏推荐

游戏一： 自己走走

游戏目标： 帮助孩子独立行走

游戏过程： 一个看护人用有声响的玩具在孩子对面引逗孩子，另一个看护人扶着孩子的腋下，鼓励孩子向玩具走去。可以这样做：爸爸在孩子的背后保护他，妈妈站在孩子前边一米左右的地方用新颖的玩具引逗孩子走过去拿玩具。孩子拿到玩具后，妈妈抱起孩子亲吻、鼓励他。

可配合儿歌：

小玩具，在那里，
让我快快走过去。
一步一步迈大步，
拿到玩具笑嘻嘻。

温馨提示：

1.孩子走不好时，看护人可以让孩子背对自己将两只脚分别站在自己的左右脚上，用自己的走动带动孩子，帮助孩子感受向前迈、交替走的感觉。

2.行走练习要消耗大量体力，每天可以练习3～5次，每次练习3～5分钟即可。

游戏二： 打开、合上

游戏目标： 锻炼手指分工合作的精细动作能力

游戏过程： 看护人和孩子一起坐在垫子上玩装有各种小动物玩具的盒子。看护人要注意观察孩子，并顺应他的需要给予必要的帮助。如果孩子不知道怎么玩，看护人可以引导孩子拿起放有小动物的盒子，晃晃、听听、猜猜……然后鼓励孩子打开盒子，拿出玩具，玩完后再将玩具放进去扣上盖子。对孩子的行为要多鼓励、不包办、耐心等待。如果孩子不会玩，需要帮助时，看护人可以拿一个盒子，示范给孩子看。

可配合儿歌：

小盒子，真有趣，
打开取出小玩具。
玩具玩具我爱你，
玩完把你放盒里。

温馨提示：

1.看护人还可以边说儿歌边帮助孩子摆弄小手，玩手指游戏，锻炼孩子手指的灵活性。

可配合儿歌：

合拢放开，合拢放开，小手摆一摆。
合拢放开，合拢放开，小手拍起来。
合拢放开，合拢放开，双手真能干。
合拢放开，合拢放开，玩具收起来。

2.看护人可以每天坚持和孩子看书，让孩子拿书、翻书，练习孩子的手部动作能力；也可以提供各种糕点盒子，里面放上各种小玩具，引导孩子打开、合上。

第11～12个月语言发展特点与教育

发展与规律

11～12个月的婴儿能够在语音、语义和具体事物之间建立联系，如家长说“喝水”，婴儿会看向水杯。家长问：“小狗呢？”婴儿会用眼睛四处搜寻家中的小狗。这个月龄的婴儿之所以能够听懂家长的简单指令，是因为他能够理解常用词了。虽然这一阶段的婴儿已经可以在语音、语义和具体事物之间建立联系，但是他对特定词词义的理解和成人还是不同的，比如问他：“书在哪里？”他只会看向自己的绘本，还不能真正理解“书”的含义。

到1岁时，婴儿能够做出理解反应的祈使句和疑问句可达10个左右。如果把婴儿能理解的最小话语单位称为“语元”的话，如“走”“看”等，那么婴儿在这一阶段已经可以理解230多个不同的“语元”。从成人角度看，语元可能是词，也可能是句子。婴儿能对这么大数量的语元做出听觉分辨，说明婴儿听觉分析器已经相当敏锐。

特点与兴趣

虽然还不太会说话，但这个月龄的婴儿对很多语句有了初步的理解，并开始以被动的方式参与语言交际活动，会用眼神和动作表达自己的意愿。这个时候宝宝会做选择了，会用点头、摇头来表示要或不要。

方法与促进

这个时期要帮助婴儿在具体事物与语音、语义之间建立联系，可以采用绘本阅读或游戏的方式进行。

1.绘本阅读可以在婴儿期开始。应给婴儿提供阅读的空间和时间。家

长可以允许婴儿自己独立看书，尽管婴儿有可能一会儿把书拿颠倒了，一会儿从后向前翻书，一会儿连翻好几页。家长在给婴儿读书时，可以将书中的文字与现实生活中的事物联系起来，比如给孩子读书或者讲绘本的时候，看到“小猫”，而家中正好有小猫，就可以指着书中的猫，对照着家中的猫，说：“看，猫。”像这样把词汇与现实场景结合在一起输入给婴儿，会帮助他在具体事物与语音、语义之间建立联系。

2.还可以通过语言游戏帮助婴儿建立事物与语音、语义之间的联系。如听声音找图片：在婴儿认识一些图片后，把这些图片都放在他面前；家长在一旁念出图片上的物体的名称，让婴儿把相应的图片找出来；当婴儿找出正确的图片后，家长要及时给予鼓励。

游戏推荐

游戏一： 学动物叫

游戏目标： 促进孩子语言能力的发展

游戏过程： 看护人和孩子平行坐在一起，引导孩子一张一张看动物图片：“这是什么动物？”鼓励孩子说出相应的动物名字，并鼓励孩子模仿动物的叫声：“是小猫，小猫怎样叫？”

可配合儿歌：

小鸡，小鸡，叽叽叽。
小鸭，小鸭，嘎嘎嘎。
小猫怎样叫？喵喵喵。
小狗怎样叫？汪汪汪。

温馨提示：

1.坚持每天在孩子有需求的时候陪他一起看书，还可以在睡前安排固定时间和他一起翻阅图片或图书。

2.看护人要了解孩子对图片和图书的熟悉程度，鼓励孩子说出相应的字或词，模仿喜欢的动物的叫声。

游戏二： 过年好

游戏目标： 激发孩子语言能力的发展

游戏过程： 看护人和孩子并排坐着，看护人拿出小鸡图片："我们一起看看什么小动物来啦？"引导孩子看图片，说出动物名称。如果孩子说不出来，看护人引导孩子："这是小鸡，小鸡叫……"看护人一边引导孩子，一边观察，等待孩子发出"叽叽叽"的声音。然后，看护人拿出小鸭子的图片，挡住小鸭子的身体，请孩子猜猜："这是什么小动物？"同时引导孩子学鸭叫"嘎嘎嘎"。也可以用小猫、小狗的图片玩此游戏。

可配合儿歌：

小动物，在一起，
高高兴兴做游戏。
小鸡叫，叽叽叽，
小鸭叫，嘎嘎嘎，
小猫叫，喵喵喵，
小狗叫，汪汪汪。
你叫我也叫，
大家过年好！

温馨提示：

1.在模仿动物叫时，看护人可以鼓励孩子边模仿动物叫边做动作。

2.平时看护人和孩子交流时要叫孩子的名字，要像和大人交流一样。

第11～12个月认知发展特点与教育

发展与规律

视敏度

11～12个月的婴儿视敏度基本达到成人水平，喜欢看图画，能将圆形积木放入积木板凹槽内。

味觉和嗅觉

这个月龄的婴儿能够分辨甜、苦、咸的味道以及香、臭等气味。此外，他还能指认耳朵、眼睛、鼻子等五官和经常接触的物品。

注意力和记忆力

婴儿对新奇事物的注意时间较长，对任何可以抓取、吮吸、操作和运动的东西更有兴趣。12个月大的婴儿在间隔7秒后，仍然可以找到刚刚藏起来的玩具。

问题解决

这个月龄的婴儿学会了通过表意性行为来解决问题。表意性行为是指有一定目的的表达意愿的行为。11～12个月大的婴儿会用手指向想要的东西或想要去的地方，这种行为实质上是求助行为。同时，他还学会了使用工具解决问题。比如，他想够到远处的玩具，又不想自己爬过去，就会使用手上一个长一点的物体把远处的玩具够过来。表意性行为和使用工具都标志着婴儿的认知发展又上了一个新台阶。

特点与兴趣

接近1岁的婴儿喜欢将东西丢到地上，观察它到哪儿去了，并且会反复如此。家长为此感到很头疼，因为要不停地捡起被婴儿扔出去的东西。根据心理学家皮亚杰的观点，这是孩子发展因果逻辑的行为表现。他通过将东西扔出去逐渐学会对物体运动轨迹的推理。

所以，遇到这样的情况，家长反而应该为孩子提供各种可以扔出去的玩具才好。

方法与促进

这个月龄依然需要重视感知觉能力和手眼协调能力的培养，同时也应重视思维能力的培养。

1.搭建游戏。可通过搭建活动开发婴儿的精细运动能力、分辨大小和形状的能力。可以和婴儿一起用鞋盒、塑料桶、奶粉罐等搭建一座“高塔”。体积较大的物体比较容易搭建。如果婴儿能成功搭上去一两件物品，要及时给他鼓励和赞美。如果婴儿暂时还不会搭也没关系，家长可以先做示范，然后逗引孩子去搭建。

2.躲猫猫游戏。爸爸妈妈躲在窗帘或家具的后面，喊完“一二三”的时候，突然出现在宝宝面前。1岁左右的婴儿会乐此不疲地玩此类游戏。

3.寻找游戏。准备三只一模一样的杯子，还有一颗糖果；用一只杯子扣住糖果，然后移动三只杯子的位置，让婴儿猜猜糖果在哪个杯子里面。这个游戏可以培养婴儿的好奇心和求知欲，锻炼他的眼力，也可以促进婴儿大脑思考，从而促进他的大脑发育。

第11～12个月情绪发展特点与教育

发展与规律

情绪表达

11个月到1岁的婴儿出现了新的情绪——害羞和尴尬。如，当他做错了事情，被大人吼的时候，他会感到害羞和尴尬。具体表现是，脸会泛红，身体会后倾，抿着嘴想要躲起来。

这个月龄的婴儿也有了更多害怕的情绪，他以前不害怕的情形，现在可能会感到害怕，例如不愿意洗澡、害怕黑暗、害怕打雷，甚至害怕家里吸尘器或空调发出的声音。当然，这都是正常的，因为这个阶段婴儿的想象力开始发展，他会把这些视听刺激和可怕的画面连接起来，“自己吓自己”的阶段开始了。

情绪理解

这时候的婴儿出现了探求他人表情含义的能力。当他看到妈妈不高兴时，他希望弄清楚是什么让妈妈不高兴了。他的探求方式非常直接，盯着妈妈，发出各种声音试图与妈妈沟通，也可能会拥抱妈妈，摸摸她的脸，试图让妈妈重新高兴起来。这是发展共情能力的前提。

社会参照能力

婴儿会通过参照外界信息来确定他人的内在心理状态和偏好，并以此来决定自己的行为，这使得婴儿可以摆脱许多险境。积极的社会性参照能促进婴儿探索新奇情境和事物，扩大活动范围，发展智力。

特点与兴趣

快1岁的婴儿，可以听懂家长的很多话，也看得懂家长是什么心情。随着家长对婴儿的限制增多，婴儿会感到不安，所以这个时候家长要注意自己的语言和表情。

这个阶段的婴儿喜欢主动亲近小朋友，但这还不是真正意义上的同伴交往，他只是喜欢跟同龄人或比自己大的孩子在一起的感觉。他可能会摸摸对方，跟对方笑一笑，或看着对方高兴地做出拍打地面的动作。他还喜欢模仿别人的行为，听到别人哭他可能也会毫无缘由地哭起来；听到别人叫，他也会兴奋地大叫；看到别人玩什么玩具，他会去抢。

这个阶段的婴儿会用意识控制和自我安慰的方式来调节不愉快的情绪，比如生气的时候用嘴咬东西，甚至咬人；主动爬走或让妈妈抱起自己，远离引起不愉快的人或事物；还会晃动自己的身体表示紧张或寻求家长的帮助。这表明婴儿开始学习用更多的方式调节自己的情绪了。

方法与促进

这个阶段的婴儿情绪能力发展得很快，所以家长的养育方式就显得尤为重要。

研究表明，对婴儿的情绪漠不关心或否认批评，无论家庭收入如何，日后婴儿的认知和社会技能发展水平都会比较低。即使生活很贫困的家庭，只要与婴儿的情绪互动是积极的、敏感的，婴儿的心智发展水平也不会低于社会平均发展水平。

对婴儿的恐惧情绪要接纳并给予支持，不要否定和批评，不给他贴胆小的标签，否则他就真的会胆小如鼠。

家长跟婴儿游戏时，要多表达自己的情绪，尤其是积极情绪。家长向婴儿表达情绪的时候，要多用一些不同的形容词，因为他很快就会进入语言快速发展的阶段，这时候输入越多，他就能越快学会说话。

婴儿脾气大，不听话时，家长要科学引导，要看看自己制定的规则是否合理，要看看婴儿的需要是否可以通过其他方式满足，不要一上来就说“不”。否则，孩子以后可能就会习惯说“不”。

第二篇

幼儿早期教育（1～3岁）

第13～15个月

第13～15个月运动发展特点与教育

发展与规律

这时候的幼儿喜欢不停地运动。刚刚学步的幼儿，行走的动作不够自如、协调，他常常会肌肉紧张，两腿分不开，身体难以保持平衡，步幅小，抬腿过高或者抬不起腿，速度慢而不均匀，经常是走和跑分不开。这时，他会经常爬到家具上，会爬上椅子并能转身坐好，能拉着家长的手上楼梯，慢慢地能独立地平稳行走，能拉着玩具侧着或倒退走，会自己坐下、蹲下和独自站立。这时，他也能做一些小游戏，从瓶子中倒出小球；握柄摇动拨浪鼓；会把小球捏起，放入容器中；会反复拧紧拧松瓶盖；会尝试用勺子装上食物放进嘴里；会将两三块积木叠放在一起；能用手攥着笔杆随意涂画。

特点与兴趣

能够勉强独立行走，喜欢到处走动，喜欢触摸各种物体。

方法与促进

1.这个阶段是幼儿学习走路进展最为迅速的时期。开始时，他只能蹒跚行走。此时，家长要多给幼儿一些锻炼的机会，同时可以逐渐拉长他行走的距离。

2.可以和幼儿一起玩扔球、捡球、找东西的游戏，训练他独自在地上玩耍、独自蹲下捡东西、独自站起、独自行走的能力。

3.可让幼儿拉着小拖车等拖拉类玩具练习走路，这能使幼儿学习拉着玩具侧身走或倒退走。

4.在幼儿能独立行走后，家长可拉着幼儿的手练习走楼梯。开始时，幼儿可能抬脚费力，身体不平衡。家长可提供较多的助力帮助幼儿迈上楼梯，随着幼儿动作的熟练，逐步减少助力，锻炼幼儿用自己的力量迈上楼梯。下楼也是这样。

5.可以为幼儿提供三轮车，以锻炼他的动作协调能力。

游戏推荐

游戏一： 走过去，拿玩具

游戏目标： 促进孩子独立行走能力的发展

游戏过程： 两个看护人面对面坐好，间隔约1米远的距离。一人拿着孩子喜欢的玩具；一人搂着孩子，鼓励孩子走过去拿玩具。孩子拿到玩具后，看护人要抱抱孩子并给予鼓励。只要孩子有兴趣，游戏可反复进行。

温馨提示：

1.若孩子完成得很好，两个看护人之间的距离可以由1米增加至2米。也可以有更多人参与游戏。

2.孩子开始学走路的时候会“上瘾”，常常不知疲倦。看护人要注意观察孩子的活动量，多抱抱、搂搂、亲亲孩子，以调节其活动量。

游戏二：拧一拧，盖一盖

游戏目标：训练孩子的手部精细动作能力

游戏过程：看护人把小瓶拿到孩子面前，请孩子摇一摇、听一听，并问孩子：“里边有什么呢？”然后鼓励孩子打开看看，引导孩子一手扶着瓶身，一手握住瓶盖用力拧。如果孩子不会拧，看护人可把着孩子的手拧一两下，然后再鼓励孩子自己继续拧。如果孩子做到了，看护人一定要及时鼓励：“你的小手真能干！”

可配合儿歌：

一手扶着瓶，
一手拿着盖，
拧呀拧呀拧，
小手本领大。
打开瓶子盖，
放进小木珠，
拧呀拧呀拧，
变成小响瓶。

温馨提示：

1.为了让孩子多一些成功的体验，看护人可以把瓶盖拧松些，然后和孩子一起游戏。

2.孩子的注意力容易分散，若孩子不喜欢玩这个游戏了，看护人不要强迫，每天在孩子情绪好的时候和孩子玩一会儿就好。

第13～15个月语言发展特点与教育

发展与规律

这个月龄的幼儿的一大特征是进入了语言发展的静默期。

幼儿在1岁左右，会说出第一个常用的字或词，如爸爸、妈妈、车车等。一般来讲，幼儿早期会说的字或词都是比较容易发音的字或词。有些字或词，幼儿早已经知道，只是还不会用。

当然，这个月龄的幼儿说出的字或词还很少，尽管此前不时会发出类似“爸爸”“妈妈”的语音。这个时间段，幼儿通过听向大脑输入各种语言，并会对语言进行加工、整理、吸收和消化。之所以会出现静默期，有可能是因为13～15个月的幼儿的语言中枢发展被快速发展的运动中枢抑制了。

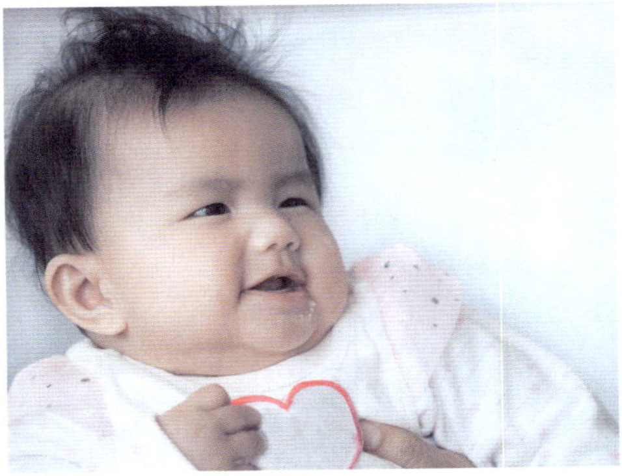

幼儿的理解能力在这一时期将有大幅度提升。他能听懂的话比他能说出的话要多很多。他能听懂爸爸妈妈的简单指令，也能理解生活中经常接触的名词和动词。

特点与兴趣

这一阶段的幼儿更愿意听成人说话，他对语言学习突然有了非常特殊的热情，非常喜欢听成人说话。有时家里来客人，很多大人会选择把孩子抱到其他房间，有的孩子就会表示抗议，再回到客厅能听到大人聊天时，他才会安静下来。这时的幼儿也喜欢听成人重复讲相同的内容，比如，他会指着一首儿歌让成人反复念给他听。

方法与促进

尽管这一阶段幼儿处于“说”的静默期，但他在这个时期仍然需要大量的语言输入。

1.经常和幼儿对话，鼓励他模仿。这可扩充幼儿的词汇量。即使开始时幼儿发音并不准确，也要表扬、鼓励他，不要打击他，避免他产生挫败感。

2.使用规范的语言和幼儿对话。幼儿最初的语言不符合语法规范，成人有时会模仿他的语言。殊不知，如果长期用幼儿的语言和他交流，幼儿很难学习到正确的表达方式，所以成人要尽量使用规范的语言引导幼儿。这一阶段的幼儿说话时都会简化成一个词，如幼儿会常说："妈妈……妈妈……"他可能在表达多种含义，妈妈可以回应说："宝宝要妈妈抱抱。""宝宝想和妈妈一起玩。"通过成人的扩充，幼儿便能逐渐了解怎样用简单句表达自己的想法。

3.成人要多询问、多鼓励。比如，询问幼儿看见的物品的名称，如果他说对了，就要给予鼓励，以增加他学习语言的兴趣。成人还要多鼓励幼儿用语言表达自己的意愿。比如，在帮幼儿拿玩具时，可以问他："宝宝，你要玩具吗？""宝宝，你要小汽车还是小火车？"

4.多做和声音相关的游戏。比如，给幼儿念押韵的童谣，提升幼儿对音节的辨识能力；成人模仿各种动物的叫声，让幼儿辨认。

游戏推荐

游戏一：一起来看书

游戏目标：激发孩子的语言能力，进行早期阅读启蒙

游戏过程：看护人请孩子选一本自己喜欢的故事书。看护人和孩子并排坐好，鼓励孩子一页一页地翻看。看护人不时向孩子提出问题，并给孩子观察、思考、整理语言及回答的时间。孩子回答后，不管答案对不对，看护人都要及时表扬和鼓励。

可配合儿歌：

打开书，看一看，
一页一页慢慢翻。
天天坚持听故事，
从小养成好习惯。

温馨提示：

1.孩子有时愿意与看护人交流，有时则喜欢自言自语。看护人要坚持每天和孩子一起看书，给孩子讲故事，以丰富孩子的词汇量。

2.在与孩子进行语言交流的时候，不要过多地纠正孩子的发音及用词错误，可以在孩子情绪愉悦的时候给予提示和帮助。

游戏二：神秘口袋

游戏过程：看护人手拿布袋，和孩子坐在地垫上，引导孩子："这是个布口袋，里面有好多东西。你想摸摸吗？"看护人鼓励孩子看看布袋，用手摸摸布袋，让他知道布袋是布做的："你想知道里边有什么吗？"如果孩子点头，鼓励孩子把手伸进袋子里摸出一个物品。"拿出来看看是什么？"看护人引导孩子说出物品的名称。如果孩子不会说，看护人可以说给他听。只要孩子喜欢，这个游戏可以反复进行。

可配合儿歌：

布口袋，真神秘，
小玩具，放进去。
不能看，用手摸，
先猜后说真有趣。

温馨提示：

1.孩子还不太会说，但是他有很强的学习能力，他听得越多，储存的信息越多，以后说出更多信息的可能性就越大。

2.看护人平时可以将日常生活中的很多事情，用清晰、准确、生动、形象的语言讲给孩子听。

第13～15个月认知发展特点与教育

发展与规律

记忆

13～15个月的幼儿不仅能记住东西摆放的位置，还能模仿已经发生了一段时间的他人的动作。这种间隔一段时间以后的模仿，叫作延迟模仿。这表明这个月龄的幼儿记忆能力已大大增强。13个月的幼儿能完成由3个简单动作组成的一系列动作。14个月时，幼儿可以再现一周前见过的别人由3个简单动作组成的系列动作。

类别意识

13～15个月的幼儿能够根据物体的属性和功能使用物体，比如，会喂洋娃娃玩具食物，会推或拖来玩带轮子的玩具，会用拍、滚、踢等方式玩球类玩具。这表明这个月龄的幼儿开始理解各种物品的功能，出现了初步的“类别”意识。

注意力

幼儿现在会将注意力集中在成人用词句表达的对象上，如非常喜欢听成人为他讲故事。现在，幼儿注意力集中的时间可以维持8～10分钟了。

特点与兴趣

从1岁开始，幼儿的好奇心越来越强。他会为了达到自己的目的，探索更多解决问题的方法。比如，为了使一个玩具发出声音，他会用不同的方式去敲打，看玩具会有什么不同的反应。他还对细微事物产生了兴趣，经常会发现细小的物品，如会专注地观察各种昆虫的活动。

方法与促进

针对1岁多的幼儿，可以通过阅读和游戏促进其记忆能力和观察能力的发展。

1.通过卡片认读，帮助幼儿认识、熟悉各种物品，帮其发展记忆力和观察能力。可以购买颜色鲜艳，图案和实物相似度较高的卡片，在幼儿情绪状态良好时，和他一起认读。也可以选取生活中最常见的物品，边指给他看边说出物品的名称，还可以给他描述物品的典型特征，比如颜色、形状等。

2.1岁多的幼儿，对镜子中的自己有着浓厚的兴趣。可以通过镜子教幼儿认识五官。家长抱着幼儿站在镜子前，问："这个宝宝是谁呀？"然后说："这是我的小宝贝呀！"接着对着镜子，指着宝宝的五官说："看这里，这是宝宝的鼻子，这是嘴巴，这是眉毛，这是眼睛，这是耳朵。"这种方式，不仅能让幼儿逐步认识五官，也能增强他对自我的认知。

第13～15个月情绪发展特点与教育

发展与规律

1岁多的幼儿，又发展出了新的情绪。他开始表现出轻蔑、嫉妒、沮丧和自罪感，对于害羞和惊奇的体验更深刻。例如，对于不喜欢的食品或人，他会微微噘起小嘴，皱起鼻头，表示不喜欢的同时还带有一些轻视的感觉。有些女宝宝甚至开始挑剔出门时穿的衣服和鞋子，对不喜欢的颜色、样式都表现出了轻蔑的表情。

这时的幼儿非常在意别人拥抱或接触自己的妈妈，爸爸也不例外。如果看到妈妈抱其他的小朋友，他会大叫着往妈妈怀里钻。这是因为幼儿还没有分享的概念，他认为妈妈是他一个人的。

这时候他做了错事会感到沮丧，会有自罪感，父母要谨慎批评，而且要谨慎地帮他纠正错误。

特点与兴趣

这时大多数幼儿已经开始说话了，他们可以理解成人几乎所有针对他们的指令与要求，所以他们对成人与其沟通时表现出的情绪的反应也更准确。这个阶段的幼儿对大自然的一切都十分感兴趣。他们会不断地模仿大人的动作、表情、语言，不断重复尝试自己喜欢做的事情，例如自己拿着勺子吃饭、蹲在小马桶上假装大便、看到其他小朋友会很开心、喜欢被更多人关注、一旦被表扬就会很兴奋，等等。这时，他们还喜欢不停地重复做一件事，如喜欢看同一本书、听同一首歌、做同一个动作、发出同一种声音，等等。

方法与促进

沮丧和自罪感是与个体自我系统发展密切相关的情绪，它们是幼儿认识自己和认识他人的工具。所以幼儿出现沮丧和自罪感的情绪时，也是再次建立和巩固安全依恋关系的契机。

1.妈妈和爸爸对幼儿的高质量陪伴很重要。和幼儿亲密友爱地说话、聊天，对他所犯错误的接纳和理解，友好地帮助他获得各种解决问题的技巧，都能让他快快成长，他的抗挫力也会越来越强。

2.试错是孩子成长过程中不可缺少的过程。要求孩子事事完美，宁愿越俎代庖也不允许他失败，这种教育方式会彻底毁了孩子的好奇心和创造力。幼儿是在不停地犯错中找到各种正确的方法的，并且会越做越好。所以，这个时期幼儿的各种尝试，会给成人带来各种各样的麻烦。成人需要做的是处理好自己的情绪，

训练孩子动作的熟练性，而不是无谓指责孩子。

3.这个阶段的幼儿期望接触同伴了，所以要多让幼儿和他的同龄人玩耍。不要害怕幼儿之间会发生冲突，例如抢玩具了、互相推搡打闹，这是他们彼此之间沟通的方式。成人做好保护就是了，不要动不动就批评幼儿做得不好，甚至吓唬他们，否则会增加他们的沮丧和自罪感。

第16～18个月

第16～18个月运动发展特点与教育

发展与规律

这个时候的幼儿，会跑，但跑不稳，常常会摔跤；喜欢扔球和抬脚踢球；能自己扶着楼梯的扶手上楼，也会趴下倒退着下来；可以蹲下来或弯腰捡起玩具而不跌倒；双手会端水杯、用勺取物、模仿简单的动作；能模仿着画出简单的线条，能一次多页地翻看图书。

特点与兴趣

能够跑着走，能扶着扶手上楼；喜欢走动，可以侧着走和倒退走；愿意自己动手做事，如涂鸦、翻书、撕纸等。

方法与促进

1.为了帮助幼儿熟练而稳定地行走，成人可以让幼儿推着婴儿车玩，鼓励幼儿学习向前进、向后退、转弯走等，还可鼓励幼儿骑小三轮车。

2.此时幼儿的主要活动场所在地上，成人可与幼儿在地上玩各种亲子游戏。

3.这一阶段，球是幼儿最喜欢的玩具，因此成人可以和幼儿一起玩扔球、接球、滚球、踢球等游戏。

4.有机会的话可多让幼儿玩沙、玩水，让幼儿在使用水桶、铲子等工具中认识更多事物，了解沙、水的特性，发展大动作及精细动作。

5.鼓励幼儿倒着走一走，让幼儿在倒走中感受空间变化，促进身体协调能力发展。

6.和幼儿一起涂鸦、撕纸，为他提供便于他翻阅的硬皮书、布书等。

游戏推荐

游戏一：走小路

游戏目标：促进孩子稳定行走的能力

游戏过程：用积木在家里搭一条小路。看护人和孩子在路两头面对面站好。看护人鼓励孩子拿一个玩具从狭窄的路上走到自己身边。看护人接过玩具表示感谢，然后让孩子回去再拿另一个玩具过来。

可配合儿歌：

小玩具，我爱你，
拿过来，送回去。

温馨提示：

1.孩子走熟练后，可以换用方砖或大积木搭成小路，提升孩子走路的兴趣，引导孩子行走。

2.在日常生活中，无论是平坦的小路，还是有斜坡的小路，甚至矮小的楼梯，只要保证安全，都可以引导孩子在上面走一走，以发展其行走能力。

游戏二：涂涂画画

游戏目标：鼓励孩子大胆涂鸦

游戏过程：看护人和孩子一起系上围裙，并选择、准备好涂鸦使用的笔、颜料和纸张等。看护人鼓励孩子自己选择笔或颜料进行涂鸦。看护人以观察为主，也可以和孩子一起涂鸦。孩子涂鸦过程中，看护人根据孩子的情绪状态进行引导和启发："你画的是什么呀？"同时鼓励孩子大胆涂鸦和表达："你的小手真会画！"孩子画完后，看护人要给予一定的鼓励。接下来，是否继续涂鸦，看护人要根据孩子的兴趣来定。

可配合儿歌：

小笔手中拿，
纸上画一画。
涂来又涂去，
我的本领大。

温馨提示：

1.孩子若喜欢涂鸦，看护人一定要保护好孩子的积极性，以表扬鼓励为主，一般不做"像不像，好不好"的评价。

2.当孩子涂鸦结束后，看护人可以帮助孩子把"他画的是什么"等信息在空白处或反面用文字做一下记录，另外可以在画的右下方写上时间和孩子的姓名。

第16～18个月语言发展特点与教育

发展与规律

16～18个月的幼儿愿意表达，能够理解成人的简单指令。

这个月龄的幼儿开始讲“儿向语”，发音还不能像成人那样标准，会出现省略音，比如“是”会说成“四”，省略了“h”这个音；还会出现替代音，如“哥哥”常说成“得得”。幼儿出现的语音偏差和其构音系统没有发育完善有关。

2岁左右，幼儿开始大量使用重叠音，会把小汽车说成“车车”。这时，幼儿说名词、动词、形容词、量词和感叹词时都会出现单音重叠的情况。

这一阶段的幼儿能理解更多的句子了，如妈妈问“宝宝，爸爸回来没有？”幼儿会四处张望一下然后说“没”，表示他没有看见爸爸，爸爸没有回来。这时，孩子会用语言表达自己的意图了，如妈妈说“宝宝，我们睡觉吧”，孩子会用“不”表示不愿意马上睡觉。

特点与兴趣

16～18个月的幼儿喜欢给见到的物体命名，如见到小猫会说“喵喵”，见到小狗会说“汪汪”，要小便时会说“嘘嘘”。会用声音指代某种物体是1岁半以前的孩子的一个明显特点。

这一时期幼儿在使用新词汇时会出现词义“泛化”和“窄化”的现象。词义泛化指一个词语有了多种意义，如幼儿常用“猫”代指所有有四条腿的动物，用鸟代指所有天上飞的动物和物体。词义窄化指用具有泛指意义的词语指特定的人或物，比如幼儿口中的“奶奶”指的只是自己的奶奶。

方法与促进

这个阶段的幼儿喜欢命名，因此需帮助他掌握一些新词，扩大其词汇量。成人还需尽可能多地帮助孩子运用其所掌握的词汇。

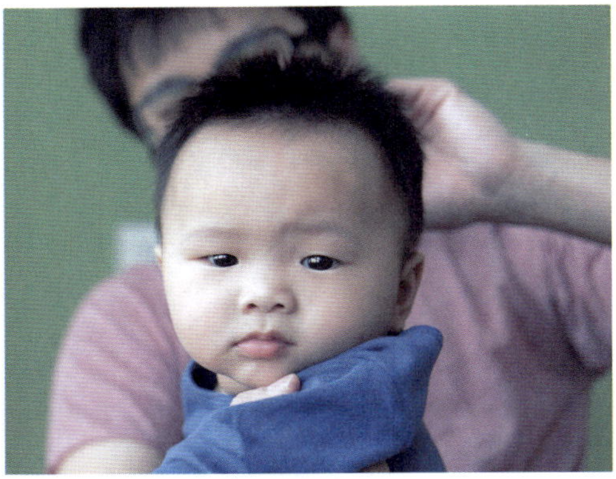

成人可以和幼儿一起自制图书，以此丰富幼儿的语言输入，扩大其词汇量。具体制作方法是，从旧书中剪下图片，做成4～5页的小图书。

成人要耐心倾听并及时回应幼儿的表达。成人要主动提问或创设情境逗引幼儿开口说话。如果幼儿表述不准确时，成人要巧妙地示范，让幼儿知道如何正确表达，从而使幼儿能更准确地用语言描述自己的所思所想。

游戏推荐

游戏一： 拍手游戏

游戏目标： 发展孩子的语言能力，促进手部动作的灵活性

游戏过程： 看护人和孩子面对面坐好，一起边说下面的儿歌边做动作。开始游戏时，动作要慢一些。看护人在拍手时要主动去拍孩子的手。孩子若喜欢可以多玩几次。

可配合儿歌：

你拍一，我拍一，
一个小孩开飞机。
你拍二，我拍二，
两个小孩洗手绢。
你拍三，我拍三，
三个小孩吃饼干。

你拍四，我拍四，
四个小孩学写字。
你拍五，我拍五，
我们一起来跳舞。

温馨提示：

开始玩时，孩子也许不会说儿歌，看护人要多说、多教。玩的次数多了，孩子就能够边说儿歌边做动作了。

游戏二： 看图说话

游戏目标： 培养孩子的语言组织能力

游戏过程： 看护人和孩子面对面或并排坐在垫子上，看护人把已准备好的图片藏在身后，一张一张拿出请孩子看图说话。

温馨提示：

这个游戏对孩子日后语言能力的发展有很大帮助。看护人要及时鼓励，帮助孩子树立说话的信心。

第16～18个月认知发展特点与教育

发展与规律

记忆

16～18个月的幼儿感知能力和记忆力进一步提升，会指认身体部位，能指认多种动物图片，看书时拿书的方向通常是正确的，可以指认图片或书中熟悉的物体，能根据感知到的物体的突出特征对熟悉的物体进行简单分类。

试误

试误这一概念是美国心理学家桑代克提出的，可以理解为通过不断地

尝试各种方法，最终找到正确的解决问题的方法的过程。1～2岁的幼儿在遇到新问题时，会通过试误来寻找解决问题的方法。在积累了一定的经验后，幼儿错误的尝试会越来越少，头脑中正确的思考会越来越多。试误的出现说明幼儿有了初步的综合分析能力与判断推理能力，这将促进他们对因果关系的理解。

思维

幼儿在语言发展的基础上开始发展抽象逻辑思维，但这时仍以知觉行动为主，还不具有概括的水平。

特点与兴趣

16～18个月的幼儿会长时间观察自己感兴趣的事物，喜欢同时用嘴和手去探索各种事物。当手越来越灵活时，他可以探索的世界更加宽广，“叛逆期”也就来了。

方法与促进

针对这个月龄的幼儿，家长应该为他提供一些不易损坏的玩具，比如毛绒玩具、橡胶玩具、塑料玩具，让他可以不受限制地探索外部世界。此外，家长还可以设计一些小游戏，以促进幼儿手部精细动作的发展，帮助他深入探索物品的大小、形状以及特性，提高他的认知能力。

1.练习抓握微小的物品。由于小的物体目标较小，抓握较小的物体需要幼儿的眼睛更细致地去调节焦距，所以这种活动对幼儿的视觉是一种很好的锻炼。这种练习不仅能够改变幼儿的抓握方式，还能锻炼幼儿指尖细

小肌肉的协调动作，从而促进其神经系统的发育。

2.多米诺骨牌游戏。可以利用真正的多米诺骨牌，也可以用书本、长积木或者其他物体代替。最初，游戏设计可以简单一些，然后逐渐加大难度。

3.投掷游戏。这类游戏可以锻炼幼儿的手部、眼部以及身体各部位的协调能力。找一些大小合适的球或沙包，再找一个放衣服的篮子或者空水桶，然后采用夸张的动作教幼儿把球或者沙包投掷进“篮”。幼儿开始投掷时，“篮”和幼儿的距离不要太远，等到“进球”次数多了，可以逐渐加大“篮”和幼儿之间的距离。家长要在一旁鼓励，以提升幼儿的信心和耐心。

第16～18个月情绪发展特点与教育

发展与规律

情绪表达

这个阶段，有些妈妈开始培养幼儿自己做事情，例如吃饭、坐小马桶、涂鸦等。幼儿做不好时，会感到焦虑和害羞。这时候的焦虑更多源于自己努力了但事情没有做好，而这时候的害羞更多源于害怕被批评。

自我意识

这个阶段幼儿的自我意识开始萌芽。幼儿第一次将自己与他人区分开来，尤其是会慢慢从与妈妈的共生关系中脱离出来，这是儿童心理发展的里程碑事件。自我意识影响着人格形成，健康积极的自我意识会带来健康的人格，会让幼儿觉得自己是有价值的、有能力的，会让幼儿拥有更多自信。

情绪理解

因为自我意识的逐渐出现，幼儿开始意识到他人的情绪反应可能跟自己不同，比如同样是看见小猫或小狗，有些人会露出害怕的表情，有些人则会欣喜地与它们玩耍。这是共情能力的萌芽。

特点与兴趣

这个阶段幼儿最大的兴趣就是模仿，他会模仿各种动物的叫声、动作；模仿成人的语言甚至语气、语调；还会学别人说话，听到小朋友说什么，自己也会说什么。

这时期，语言、情绪和认知的发展也在塑造着幼儿人格的建立。根据

美国心理学家埃里克森人格发展的理论，从出生到1岁半期间，婴幼儿一直处在基本信任别人和完全不信任别人的心理冲突中。当幼儿哭了或饿了时，父母是否能及时出现直接关系到幼儿能否建立信任感。信任在人格层面将会形成“希望”这一品质。信任感充分的幼儿敢于希望，富于理想，具有强烈的未来定向；反之则不敢希望，时时担忧自己的需要得不到满足。

方法与促进

幼儿自我意识的发展为父母的教养方式带来了很多挑战，所以家长这时候开始要十分注意自己的教养方式。

1.幼儿开始认识自己的时候，亲子关系的质量对他的自我认识格外重要，因为他将在亲子关系里获得自己是讨人喜欢的还是让人讨厌的认知，所以家长的教养方式就显得格外重要。

2.心理学上把家庭教养方式分为民主型、专制型、忽视型、溺爱型和不一致型五种类型。有爱有规则的教养方式就是民主型教养方式，这种教育方式能给予幼儿期望的尊重和爱，并可在这个过程中通过立规则让他学会情绪控制和情绪调节，从而让他不断发展出健康的自我系统，如自尊、自爱、自信、自强等。

3.不要对幼儿过于严厉，要引导他解决问题而不是禁止他做事情，更要积极回应幼儿的情绪和需要。

4.利用幼儿自我意识发展的敏感期，让他慢慢学会处理自己的情绪，学会与人沟通。一个通用原则是，在安全范围内让幼儿尽可能地尝试和探索，例如，幼儿在吃饭的时候想要用筷子、勺子探索食物，家长要给予支持，在必要的时候帮助他把食物送进嘴里。

第19～21个月

第19～21个月运动发展特点与教育

发展与规律

能双手扶栏杆上、下楼；能控制跑的动作，有意识地绕开障碍物；会在大人扶持下，做快速地屈伸髋、膝的动作，虽然身体并未离开地面，这

是在为跳跃做准备；会踢球；扔球的动作更加灵活；会向前走、侧身走和倒退走；坐在地上会把球滚向远处，并能接住滚回来的球；能搭5～7块积木；会倾倒容器内的物体，也能将物体装入容器内；会正确地使用勺子。

特点与兴趣

喜欢扶栏杆上、下楼；愿意自己做事；会踢球、扔球；搭积木、折纸、穿珠子、涂鸦等动作更加灵活。

方法与促进

1.幼儿在刚刚学会走路的时候，虽然走得踉踉跄跄，但走得很快，像小跑一样，这其实是幼儿尚不能很好地控制自己身体的表现。这时，成人要做好防护工作，避免孩子摔伤。

2.幼儿能较为平稳地控制身体后，才能平稳地跑。起初幼儿的动作较为僵硬，速度也相对慢一些。成人可引导他多玩拖拉游戏，以锻炼他的走路能力和身体的协调性。

3.幼儿能倒退走也是身体动作越来越稳定、协调的表现。成人可以经常与幼儿一起玩拖拉玩具的游戏，让幼儿在游戏中练习倒退走。

4.和孩子一起玩堆积木、穿珠子、涂鸦等游戏，引导孩子大胆尝试，积极动手操作，促进其手眼协调性和动作灵活性的发展。

游戏推荐

游戏一： 我会玩球

游戏目标： 促进孩子手眼协调的发展

游戏过程： 看护人和孩子一起玩球。如果孩子不会玩，看护人可以先示范给孩子看，例如把球推到墙角，让孩子模仿。孩子如果对此不感兴趣，看护人可以和孩子面对面玩滚球、踢球、扔球等游戏。

可配合儿歌：

小皮球，真有趣，踢过来，踢过去。

小皮球，圆又圆，滚过来，滚过去。

小皮球，我爱你，一松手，扔出去。

温馨提示：

孩子喜欢和成人一起游戏。相较于踢球、滚球和扔球，拍球对于孩子来讲有些难，需要手眼协调。如果孩子喜欢，可以多玩玩。

游戏二： 手撕面条

游戏目标： 促进手部小肌肉群的发展与协调

游戏过程： 看护人把小动物图片拿出来让孩子认一认，并对孩子说："它们想吃面条，请你帮帮它。你愿意吗？"看护人先和孩子一起看看真实的面条什么样，再引导孩子将一张纸撕成细细的面条状。

可配合儿歌：

面条白又白，
面条长又长。
多吃长大个，
宝宝白又胖。
拿起一张纸，
上下用力撕。
一张变多张，
小手有力气。

温馨提示：

开始时孩子也许撕不开，看护人可以把着孩子的手给他一点助力。只要孩子撕开了，不管他撕得怎么样，家长都要及时鼓励。

第19～21个月语言发展特点与教育

发展与规律

这一阶段被称为“词汇发展的爆炸期”，又被称为“词汇发展的滚雪球阶段”，突出特点就是孩子的词汇量迅速增长，语言理解能力迅速提高。

这一阶段幼儿能够表达的词类有所扩大。婴幼儿最初掌握的词汇主要是常用名词和动词，慢慢地能说出的代词是“我”。到19个月时，幼儿开始会说“我的”，但会出现“我”“你”错用的现象。3岁左右的幼儿才会使用第三人称代词“他”。

这时，幼儿能理解的词汇越来越多，但他还很难完全理解。他对日常生活中经常使用的词汇能很好地理解，但是对日常生活中较少出现的词汇还不能很好地理解。比如“高雅”“忧伤”等抽象又不常使用的词，幼儿就很难理解。

这时，幼儿能准确使用与日常经验相关的词汇了。比如，妈妈说：“宝宝，跑到妈妈这里。”这个月龄的幼儿能迅速跑到妈妈那里去。再比如，妈妈说：“宝宝，把你的娃娃拿过来。”他能在一堆玩具中拿起娃娃而不是毛绒小动物给妈妈。这说明这个月龄的幼儿已经掌握了大量与日常生活经验密切相关的词汇。

除词汇量迅速增加外，这个时期的幼儿已经开始能说句子，但这时他能说的句子仅是词汇的罗列，不符合句法规范，我们称之为“电报句”。比如，幼儿对爸爸说：“爸爸，车车。”这个句子只有两个名词，缺少谓语，表达的意思较模糊，爸爸只能根据当时的场景、幼儿的动作或者眼神来推测其真实含义。

特点与兴趣

这一阶段的幼儿喜欢自创新词。这个阶段的幼儿尽管词汇量大增，但是他的表达意图与其掌握的词汇量之间仍有差距。因此，他会自创词语。比如，有个小宝宝家在垃圾站附近。每天早晨都有垃圾车来垃圾站拉垃圾。每次有车来拉垃圾，小宝宝都会大叫“味车，味车”，他实际上想表达的是有气味的垃圾车来了，但是他还不会使用“垃圾车”这三个字，只能自己创造一个“味车”来表达“垃圾车”的含义。这个阶段的幼儿会创造很多有趣的词汇，家长需要依据当时的情境理解其真实想法。

方法与促进

1.针对这一月龄幼儿语言发展的特点，成人应注重增加其词汇量，并引导其说出符合语法规范的简单句。

2.这时可以开展早期阅读了。幼儿读图画书的兴趣较为浓厚。成人应当和幼儿共同阅读，并且要一边和他们一起看，一边给他们讲解。成人还应创设条件，让幼儿在阅读的过程中表达内心的想法，可以要求他们边看边说图书或图片的内容，也可以适当地提些他们能够回答的问题。另外，还要根据幼儿阅读进展情况适当添加图书，以提高幼儿阅读的积极性。

游戏推荐

游戏： 让我说出来

游戏目标： 促进孩子“语言能力”的发展

游戏过程：看护人搂着孩子说："让我们一起说儿歌好吗？"然后，看护人把手放在孩子面前，边说边伸出手指头。开始时看护人配合儿歌摆弄自己的手，然后边说儿歌边摆孩子的手。

可配合儿歌：

我有一双手，
大拇哥，二拇弟，
中指头，无名指，
小拇指，在这里。

温馨提示：

1.每天和孩子一起看书时，把孩子熟悉的动物或物品的名称读出来，同时鼓励孩子大声读出来。

2.每天和孩子打招呼叫他的名字时，鼓励他大声回应。

第19～21个月认知发展特点与教育

发展与规律

归类能力

19～21个月的幼儿可以分辨红色和绿色了，并且能按颜色将物品进行分类。他们还能分辨不同物体，并将相同的物体放在一起，比如会把积木放到积木盒子里，把皮球放到堆放球类的地方。

分辨能力

19～21个月的幼儿可以认出镜中的自己，也能认出照片中的自己。

记忆

21个月的幼儿能够成功地再现他们8个月以前学习过的由3个动作组成的系列动作，能指认身体部位，能从图中指出熟悉的物体。

精细动作及数学概念

他们可以画出近似水平线、垂直线和弧形线；会用积木造塔，能搭6层高，还能用积木搭火车；有了初步的数的概念，知道“1”和“多”的差异。

特点与兴趣

这个月龄的幼儿延迟模仿的能力进一步发展，这说明他头脑中出现了相应的动作形象，开始了形象思维；这也说明他的思维能力有了质的飞跃。

方法与促进

针对这个月龄幼儿的特点，可采用配对法、指认法和命名法帮助其发展认知能力。

1.纸卡配对。自制一些纸卡，上面分别画上小猫、鱼、小猴、桃、

下雨的场景、雨伞等，然后问幼儿相应的问题，如："小猫最爱吃什么？""下雨了怎么办？"问完后，让幼儿用相应的纸卡回答问题，以让其了解简单的事物之间的关联关系。类似的配对游戏，可让幼儿了解他的生活环境和相关常识。

2.家长还可以自制各种形状的卡片，如方形、三角形、圆形等，让幼儿指出哪个是方形、哪个是圆形……或者是家长拿出一个卡片，让幼儿说出其形状。这两种方式都有利于增强幼儿的图形辨识能力。

3.模仿游戏。准备1～2个穿着衣服且衣服可以脱下的玩具娃娃，然后教幼儿如何给娃娃穿衣服、脱衣服，以及如何给娃娃洗澡等。这个过程中，家长可以教孩子指认人体器官，如眼睛、鼻子、耳朵、手、脚、腰、大腿、小腿等，甚至可以教幼儿学习辨别男娃娃和女娃娃。这个游戏能帮幼儿认识人体器官，以及初步建立性别意识。

第19～21个月情绪发展特点与教育

发展与规律

与自我意识相关的情绪的发展

自我意识萌发后，与自我意识相关的情绪便开始发展了。骄傲、内疚和同情便是在这几个月开始出现的。幼儿可以自己完成一件事情后，会感到非常骄傲。如果他没有做好，在原有害羞的基础上，他会产生内疚的情绪，表现为一种惭愧不安的心理状态。

看到其他宝宝哭了，他可能会有安抚行为，例如摸摸对方的头发，或陪在对方身边一声不吭，也可能会说"小朋友，不要哭了"，甚至可能会跟着一起伤心。这是幼儿同情心发

展的结果。因为有了同情，幼儿除了可以更多理解别人的情绪，还会猜测对方为什么会这样。

自我控制的出现

这时，幼儿对自己情绪的控制能力开始增强，尽管有时候他也会哭闹，但更多的时候会很听话。我们需要在游戏中帮助幼儿不断提高其自我控制的能力。

分离焦虑减弱

分离焦虑带来的痛苦终于要过去了。幼儿这时开始更多地和环境及各种事物建立联系。

特点与兴趣

幼儿语言和认知水平的提高，使得他有更多样的表达能力。他的表情也因此变得丰富多彩。这个阶段幼儿最感兴趣的事情是有难度的任务。妈妈不妨给幼儿设置一些挑战，让他自己做更多的事情。

方法与促进

1.训练幼儿延迟满足的能力。延迟满足的关键不是延迟而是满足，家长只是把满足的时间和空间做了调整。当宝宝非要什么的时候，家长可以试着将满足时间推后或换一种方式。

2.爸爸陪幼儿玩游戏是很重要的。很多研究表明，爸爸的积极参与，会让幼儿的性格更开朗，运动能力更强，情绪调节能力更强。爸爸只需要在平时的游戏中设置明确的规则，便可以帮助幼儿培养自我控制的能力。

3.随着幼儿自我意识的进一步发展，自我评价和自我体验对他的影响越来越大。所以在生活中，家长要给孩子更多元、更客观的评价。

第22～24个月

第22～24个月运动发展特点与教育

发展与规律

幼儿到2岁时，逐渐会用适宜的速度走路；能坐在带轮子的车上自己蹬动脚蹬向前走；会弯腰捡起掉在地上的玩具；能将手中的物品朝某个目标扔去；能从楼梯矮阶上往下跳；能在原地跳起来；能粗略地模仿画简单的线条，如画不规则的圆形和竖线；能把大小不同的物体叠放在一起；开始学会一页一页地翻看图书；能根据形状、属性匹配物品；能够完成简单的拼图。

特点与兴趣

能够骑三轮车，会扔东西，爱跑步，能够控制平衡。手的动作更复杂、灵活，能画简单的线条，如横线或竖线，能一页页翻书。

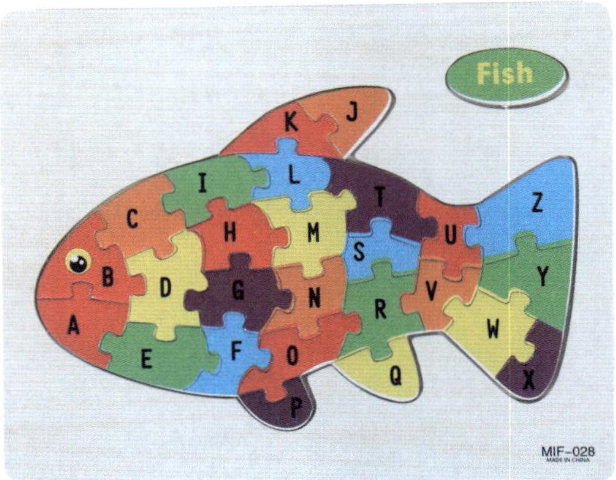

方法与促进

1.幼儿经过走、跑的运动发展阶段之后，要开始学习跳了。成人可以用游戏“青蛙跳”“小兔跳”等方式来鼓励幼儿练习双脚跳起。开始时幼儿可能双脚不能同时跳起，显得动作不协调。家长不用着急，可以两脚并齐，在幼儿面前夸张地做出跳的动作，为其做示范。

2.可以有意地让幼儿去够一些能吸引他的东西，逐步帮助他练习双脚同时抬起跳离地面。

3.练习独自上下楼是发展协调性的好方法。可以从上楼练起，一开始幼儿可能有些胆怯，家长一定要多鼓励幼儿。练习时可以从3～5阶楼梯开始，以后逐渐增多。

游戏推荐

游戏一： 捡花生

游戏目标： 促进腰部运动，发展小手动作的灵活性

游戏过程： 看护人将一把花生撒在地上，然后和孩子一起把花生捡进小筐或盒子里，并且边捡边问：“你捡了几颗花生？”也可以自言自语：“我捡了一颗花生。我又捡了一颗花生。”看护人给孩子做示范的同时，鼓励孩子边捡边说。看护人要注意观察孩子捡的方法，及时用“捡起来”“抓一把”等来丰富孩子的语言。

可配合儿歌：

小腰弯弯，
小手捡捡。

捡起花生，

宝宝能干。

温馨提示：

1.孩子喜欢玩，捡的时候只重视动作，一般不能边捡边说。看护人要注意引导和鼓励。如果孩子不说，看护人自己也要边捡边说。

2.捡完后，看护人要夸奖孩子，对孩子的行为表示感谢，还可以和孩子一起剥花生、吃花生。

游戏二：一起来拼图

游戏目标：促进孩子观察能力和手眼协调能力的发展

游戏过程：准备两张一模一样的图片（图片上有两三种动物），把其中的一张用硬纸板粘贴好，另一张剪成两部分（可以横着剪、竖着剪、斜着剪等）。

看护人先请孩子看完整的图片，引导孩子指认图片上的动物，然后对孩子说："它们都有一个和自己一模一样的好朋友，请你帮助找一找，拼一拼。"看护人把剪开的图片拿出来，请孩子仔细观察，鼓励孩子把剪开的图片拼好。

温馨提示：

如果孩子能够熟练拼出2块拼图，就可以把图片剪成4部分，提高拼图的难度。

第22～24个月语言发展特点与教育

发展与规律

这一阶段幼儿语言能力发展的主要特点是逐渐掌握了简单的语法，偶尔能够说出符合语法规范的简单句，但是句子比较短。

这个月龄的幼儿发展出了双词句，并能逐渐说出简单句。双词句指由两个单词组成的句子，如“妈妈抱抱”“爸爸妈妈”“宝宝吃”“爷爷奶奶”等。大约从20个月开始，幼儿开始说双词句，本阶段后期会说主谓宾齐全的简单句，比如“妈妈抱我”。

这个阶段的幼儿说话时会出现一些语法错误，比如会用“明明车车有”来表达“明明有车车”的含义，还会用“宝宝要鞋穿”来表达“宝宝要穿鞋”的意思。这主要是因为幼儿对语法的学习刚起步，对句法规则的掌握还不够熟练。

特点与兴趣

该月龄幼儿对成人所说的语言都非常感兴趣，并且会积极地去模仿。比如，他们能在不理解儿歌意思的情况下，模仿成人，一字不差地背下儿歌；也能在不知道古诗词意思的情况下，背诵古诗词。但他们还不能区分哪些是文明的语言，哪些是不文明的语言，所以也会模仿成人所说的脏话。

该月龄的幼儿将进入人生第一个反抗期。他们心理上的独立意识会通

过具有自主性和反抗性的语言及行为表现出来。我们将这个时期称为“语言的反抗期”。他们开始不断地向成人提问，总是要求成人告知他们各种事物的有关信息，不厌其烦。他们开始使用代词“我”，常常把“不”或“我不”挂在嘴边以表示拒绝，但是行动上会遵从成人的指令。例如，妈妈叫幼儿“宝宝，我们回家吧”，幼儿嘴上说着“不”，却会颠儿颠儿地跑到妈妈身边，和妈妈一起回家。

方法与促进

1.教授幼儿一些儿歌、古诗，培养婴幼儿的语音意识。这个时期应该教幼儿背诵完整的儿歌和小古诗。让幼儿复述的语言也可逐渐变长，不必要求幼儿复述完整，目的是激发他说话的兴趣。

2.教幼儿分清“你”“我”，正确使用代词。为了让幼儿更好地理解“我”的含义，成人可以在家里有意地问幼儿关于他自己的一些情况，如“你叫什么名字？”“你今年几岁啦？”“你是男孩还是女孩呀？”“你爸爸叫什么名字？”“你家住在哪里呀？”等等。

3.积极回应幼儿的提问，回应要准确、生动。成人还需注意言传身教，说话时使用文明用语，注意语音标准，语法正确，从而为孩子的语言学习打下良好的基础。

游戏推荐

游戏一： 声音模仿游戏

游戏目标： 培养孩子的语言能力

游戏过程： 看护人拿一张孩子熟悉的小鸡图片给孩子看，然后问孩子：“这是什么动物呀？”孩子说出名称后，看护人引导孩子：“小鸡叫……”等待孩子说出：“叽叽叽。”也可以拿别的小动物图片和孩子玩这个游戏。如果孩子会说，看护人要多鼓励孩子。

可配合儿歌：

小鸭叫，嘎嘎嘎，跳进水，吃鱼虾。

小猫叫，喵喵喵，走路静悄悄。

小花狗，汪汪叫，见到主人尾巴摇。

温馨提示：

1.看护人可以把日常生活中常见的物品编成三字儿歌，说给孩子听，激发孩子说话的兴趣。

2.孩子喜欢象声词，如各种动物的叫声，鞭炮声“噼里啪啦”，流水声“哗啦哗啦”，如果看护人说话的时候能够使用象声词，孩子会很愿意模仿学习。

游戏二：一边说，一边指

游戏目标：促进孩子听音辨音能力与反应能力的发展

游戏过程：看护人和孩子手拉手，面对面坐在地垫上。看护人边说儿歌边轻轻摇摆手臂：“我和宝宝在一起，在一起。在一起做游戏，做游戏。”紧接着，看护人说：“鼻子在哪里，鼻子在哪里？用手指出来，用手指出来。”看护人要引导孩子一起做动作，并且和孩子一起边问边用手指鼻子。当孩子对这个游戏十分熟悉时，看护人问完，鼓励孩子自己边说“鼻子在这里，鼻子在这里”，边用手指指向鼻子。然后，再玩其他身体器官的指认游戏。

温馨提示：

孩子熟悉游戏后，可以加快游戏的速度，以锻炼孩子的语言听辨和反应能力。

第22～24个月认知发展特点与教育

发展与规律

形状感知

22～24个月的幼儿感知形状和颜色的能力进一步提升。他们能区分方形、三角形和圆形，也能区分不同的颜色。尽管还不能正确说出大部分几何形状和颜色的名字，但是他们可以对颜色或形状进行归类。在形状感知能力提升的基础上，他们还能把照片中熟悉的人指认出来。

记忆力

22～24个月的幼儿记忆能力开始提升，23个月的幼儿能够再现一些他们在一年前看到过的某些单个动作，24个月的幼儿能记住5个步骤的顺序。他们也能记住一些简单的事、熟悉的生活内容，比如能够记住家庭成员以及经常一起玩的伙伴的名字。

注意力

22～24个月的幼儿由于注意力得到了发展，所以能集中注意力看图片、看电视、玩玩具、听故事等，但注意力集中时间还比较短。这个月龄的幼儿可初步理解事件发生的先后顺序，知道什么场合做什么事。

特点与兴趣

22～24个月的幼儿喜欢发布指令。这个时候幼儿已经掌握如何用语言和肢体语言与人交流了，所以难免喜欢对别人指手画脚、发布命令。大多数情况下，幼儿这样做是想要练习如何通过交流影响他人。玩玩具遇到困难时，幼儿不再扔到一边不管，而是会向别人寻求帮助，想要找到解决办法。除此之外，幼儿还会经常要求别人去看某样东西，他可能是想要家长赞美他的涂鸦、他搭的积木，或是表扬他会穿袜子了。

这时候幼儿可能并不懂什么是合作，但是他知道如果他能配合家长做一些事，家长会很开心。因此，他很愿意帮家长做一些小事，比如帮忙搬走玩具或书籍。

方法与促进

针对22～24个月的幼儿，可利用玩具和游戏继续帮助他们辨别和命名颜色。

1.串珠游戏。准备不同颜色、不同大小的珠子和彩绳，先教幼儿辨认珠子和彩绳的颜色，然后制订串珠的规则，让孩子串珠子，如红色的珠子都用红色的绳子串起来，或者黄色的珠子都用红色的绳子串起来。可不断增加规则的难度，引导幼儿认识颜色、形状，发展视觉分辨能力。

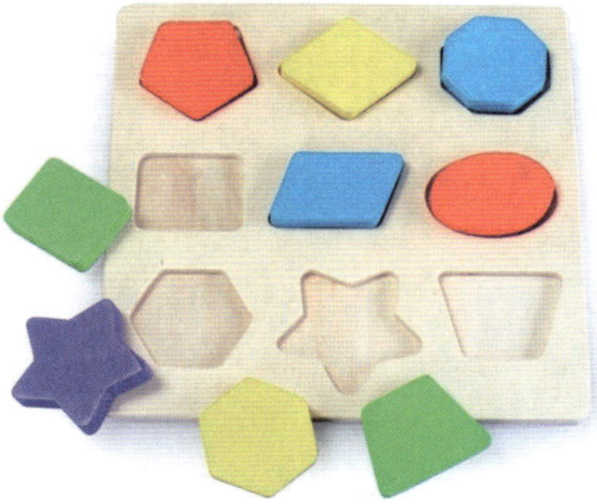

2.图形嵌板游戏。图形嵌板上的几何图形要简单、颜色要鲜艳，能够吸引孩子的注意力。看护人事先将嵌板上的图形积木取下，然后一一向孩子介绍这些是什么图形。最后，教幼儿把图形放到与之对应的位置。这种游戏可以教孩子辨认、命名不同的形状。

第22～24个月情绪发展特点与教育

发展与规律

自我意识的发展

2岁后，幼儿拥有了真正的自我意识。他们可以明确地区分自己和他人，也有了更多诉求和目标。

情绪表达

快2岁的幼儿，拥有了更多类似“心境”一样持续、稳定、弥散的情

绪，如友好、温和、平静。当然，沮丧、害羞、惊奇在这个阶段也表现得依然明显。值得高兴的是，他们表现出了对父母的感激和对同伴或他人的热情。幼儿自我认识越多，越希望自己能做得更好，以获得更多赞美，所以他们调节自己情绪的能力也在不断增强。

特点与兴趣

2岁幼儿的情绪表现多是短暂的、爆发性的，很难持久，很容易从一种情绪迅速转变为另一种。比如妈妈抱别的小朋友时，他们会嫉妒，但当这个小朋友哭的时候，他们又很同情。这是他们自我意识发展的结果。

2岁幼儿的兴趣开始固定，有些宝宝喜欢安静地独自玩游戏，例如搭积木、拼拼图；有些宝宝则喜欢热闹的多人游戏，例如追着跑、捉迷藏。他们开始表达自己想做什么，希望别人也对自己感兴趣的游戏感兴趣。

方法与促进

很多2岁的幼儿，已经能说会道了，跟我们对着干的状况也越来越多了。虽说他们也在努力做着自我控制，可控制不住的时候总是更多。所以，如何利用幼儿自我意识的发展来培养他们更好的个性呢？

1.学会倾听。不要总是觉得幼儿做得不对，要站在他们的角度想想他们为什么会有这样那样的要求。

2.做游戏永远是解决问题的最佳选择。幼儿不爱刷牙，不想自己吃饭，总是哭闹，家长可以通过游戏的方式，转换他们的情绪，从而找到解决方法。

3.教幼儿学习一些调节情绪的方法，如诉说、拍打枕头、保持冷静、转换注意力等。当然，跟幼儿一起阅读一些关于情绪管理的绘本，也会让他们学习到很多调节情绪的方法。

4.跟幼儿多聊天。这既可促进他们的语言发展，同时也可以让我们了解到他们是如何看待自己、评价自己，以及如何看待家长、评价家长的。这有利于家长及时发现问题并调整养育方法。

第25～30个月

第25～30个月运动发展特点与教育

发展与规律

这个时期，幼儿已经可以行走自如，走路时能看着要去的地方，会主动地避开障碍物，会双脚跳，会踮起脚尖走路，能自己上下楼梯，跑得很好，能单脚站立两秒钟左右；手和手指的动作日渐灵活、协调，能叠放多块积木，能两手配合做事，会串珠，会用积木搭桥；手的控制能力有很大的提高，能模仿画垂直线、水平线和圆圈等，能很好地自己吃饭，会穿脱简单的衣服。

特点与兴趣

能自己上下楼梯；跑得很好；什么事情都想自己干，如喜欢做家务、折纸、画画、搭积木；双手模仿能力更协调、准确。

方法与促进

1.幼儿能够比较稳定地独自上楼梯后，家长接着可以训练幼儿独自下楼梯了。下楼梯较难把握，可以从最后两级楼梯开始练习，让幼儿体会下台阶的感觉，学会保持身体平稳。

2.在幼儿身体比较灵活后，幼儿会尝试两脚交替地走上楼梯，即一只脚迈上一个台阶，另一只脚迈上另一个台阶。家长要多为幼儿提供锻炼的机会。

3.幼儿喜欢骑乘三轮车，如果幼儿不会或力量不够，家长可以推他前进。

游戏推荐

游戏一：上下楼梯

游戏目标：锻炼孩子上下楼梯的能力

游戏过程：在孩子上下楼的时候，看护人尽量放手让孩子自己来。孩子上楼时，看护人在后；下楼时，看护人在前。看护人尽量做到眼里有孩子，在保证安全的基础上可边说儿歌边鼓励和引导孩子。

可配合儿歌：

小宝宝，上楼梯，一步一步，不着急。
小宝宝，要玩去，下楼梯，不着急。

温馨提示：

1.孩子还小，动作发展需要反复练习。看护人要把上下楼梯当成孩子发展动作的机会，放手让孩子自己来。看护人要注意观察，保证孩子安全。

2.孩子动作不熟练，有点慢，看护人要耐心引导，必要时可伸出一个手指头或一只手给予支持。

游戏二：追追跑跑

游戏目标：增强孩子的动作协调能力

游戏过程：看护人和孩子站在一起。看护人手持塑料圈，说完儿歌就把塑料圈推向任意方向，待塑料圈停下后，鼓励孩子快跑，捡回塑料圈。游戏中，可以鼓励孩子推出塑料圈，看护人去捡。看护人还可以和孩子一起推出塑料圈，待塑料圈停下后，一起跑去捡回。看护人要注意观察孩子的兴趣和情绪状态，以适当地重复游戏或适时地停止游戏。

可配合儿歌：

塑料圈，圆又圆，
推出去，滚得快。

温馨提示：

1.看护人开始时可以轻推塑料圈，然后鼓励孩子跑过去捡回来。随着孩子对游戏越来越熟悉，跑的动作日益灵活，看护人可以将塑料圈推远些。也可以引导孩子观察比较塑料圈滚动的快慢、远近，探索多种玩法。

2.活动中要考虑动静结合，要帮助孩子调节活动量，如果发现孩子后脖颈潮热，就可以停下休息一会儿或玩安静一点的游戏。

游戏三：神奇的小夹子

游戏过程：让孩子看看、玩玩晾衣架上的夹子，甚至捏一捏、摸一摸，知道它可以夹住物品，晾晒衣服。看护人引导孩子用夹子把一些衣物一件一件夹住。

温馨提示：

平时洗完衣服后，小件的衣物都可以请孩子帮忙晾晒。

游戏四： 自己吃饭

游戏目标： 培养孩子的动手能力

游戏过程： 看护人给孩子戴好围嘴，先少盛一些饭菜给他，然后鼓励他自己使用小勺，一口饭一口菜地吃。

可配合儿歌：

小勺子，手中拿，
挃一口，吃得香。
吃饭啦，吃饭啦，
一口饭，一口菜。
细细嚼，慢慢咽，
不挑食，最健康。

温馨提示：

1.看护人要鼓励孩子自己吃饭，开始时孩子的动作慢，有撒、掉的现象也很正常，看护人要耐心引导。

2.平日也可以给孩子准备大小不同的勺子、黄豆、花生米等，引导孩子用勺子把黄豆、花生米等从一个盒子盛到另一个盒子里，以此培养孩子的动手能力。在练习的过程中，看护人要注意防止孩子吞食黄豆和花生米。

第25～30个月语言发展特点与教育

发展与规律

24个月以后，幼儿掌握的词汇量迅速增加，发音更加准确，能用语言来表达自己的想法。

这一时期的幼儿所掌握的词汇量显著增加，能理解的词汇达到了900多个（能准确使用的积极词汇相对较少，大部分为消极词汇），使用词汇时会将语义扩大或缩小。这时的幼儿能够准确使用的积极词汇中，名词、动词所占比例较高。比如，男孩子能够准确地描述自己拥有的各类玩具车。在表达词汇时，幼儿的发音逐渐清晰，但是有些幼儿因为发音器官还不成熟，在发个别音时有些困难，比如有的孩子会把“哥哥”说成“得得”。

这一时期的幼儿已经开始能说出主谓宾齐全的句子。在幼儿说出的句子中，简单句占主导地位。当然，幼儿所说的句子长度在逐渐增加，30个月左右会说出四词句，有个别幼儿会出现五词句、六词句。2岁半左右的幼儿开始能说出疑问句，开始使用包含“谁”“怎么了”“哪儿”“什么”“什么时候”等的疑问句。如果听到成人说出复合句，他们会模仿成人所表述的句子。

尽管幼儿的表达能力有了明显的进步，但是仍处于对话式、情境式的阶段。如果没有成人的提示，这个阶段的幼儿还不能完整表述一个事件。这时的幼儿在描述事件时，多采用不连贯的短句，成人需根据情境猜测幼儿所表达的意思。

特点与兴趣

这个阶段的幼儿对话时多使用“接尾策略”。也就是说，当他人问幼儿问题时，幼儿不管实际情况如何，总是按照疑问句最后的词来回答。比如，妈妈问：“宝宝，你吃苹果还是香蕉？”孩子很有可能会回答“香蕉”，尽管事实上他更想吃苹果。

这个阶段幼儿的另一个显著特点是喜欢自言自语，比如一边玩一边念叨。幼儿在游戏中除了会用同他人沟通的社会性言语，还会用一种非社会性言

语，这种言语他只对自己说，并非是要交流思想，也不是为了引起他人的关注。幼儿这种以自我为中心的言语的主要功能是帮助幼儿调节自己的行动。

方法与促进

鉴于这一阶段的幼儿已有表达的意愿和能力，家长需要给他们创设丰富的听说环境。

1.尽可能使用新的词汇与幼儿交流，并且在交谈时要尽可能多地使用形容词、副词、量词，扩大幼儿所接触词汇的类型。比如，带孩子外出游玩，发现天气很好，可以和幼儿说“宝宝，今天天气非常舒适”；游玩时遇到小朋友，可以和幼儿说“宝宝，你看看小妹妹，她非常可爱”。

2.引导幼儿回答问题。在幼儿玩耍时，可以问问幼儿：“你在玩什么？”“你的玩具叫什么名字？”“这辆小汽车将开往哪里？”也可以设计一些游戏，让幼儿在游戏中对家长说的话进行补充。比如，到了新的环境，可以问幼儿“你看到了什么？”或者是“大声说出你看到的东西！”在设计问题时，尽量设计让幼儿用两个以上单词才能回答的句子。在幼儿回答问题时，一定要给他留出时间思考，尽量让他自己组织语言回答问题。

3.通过游戏练习说话。“过家家”游戏是这个月龄的孩子最适宜的练习说话的游戏。比如，家长可以和孩子玩“生病住院”的游戏。假设妈妈生病了，请孩子给爸爸打电话让爸爸回家。孩子假装给爸爸打电话时，需要组织语言，他可能会说：“爸爸，妈妈生病了，你回家。”如果孩子自己不能完整描述，妈妈可以先示范，然后让孩子模仿。

游戏推荐

游戏一： 卡片游戏

游戏目标： 培养孩子的手眼协调能力

游戏过程： 看护人和孩子一起坐在地上，将事先准备好的带有各种图案的卡片摊开放在地上。看护人和孩子轮流挑选卡片，并且一边挑卡片一边说："我要小汽车。""我拿的是杯子。"谁说对了就可以拿走卡片。

温馨提示：

卡片的多少可结合孩子对游戏的兴趣来确定，孩子喜欢玩的话可以多准备一些。

游戏二： 传话

游戏目标： 培养孩子的口语表达能力和记忆能力

游戏过程： 爸爸把孩子叫到身边神秘地告诉孩子："爸爸想请你认真听，记住爸爸说的话，然后把它告诉妈妈，你能做到吗？"在孩子表示愿意时，爸爸把孩子搂过来，贴着他的耳朵说出一句话，然后鼓励孩子把这句话小声地说给妈妈听。然后妈妈大声说出孩子传给她的话，或者按照孩子所说的去做事。

可配合儿歌：

传话传话真有趣，
请你认真听仔细。
听到什么要记住，
趴在耳边说出去。

温馨提示：

开始时，最好选择三五个字的短句，如"我爱你！""咱们是一家人。"随着孩子记忆能力的提高，可以多人传话，也可以增加所传话语的长度和难度。

游戏三：家庭晚会

游戏目标：促进孩子语言、动作、能力全面发展

游戏过程：全家人坐在沙发上，把小地毯铺在沙发前面当舞台，然后一个一个轮流上台表演。每个人表演前要先说出自己要表演的节目是什么。某个人表演结束后，大家要用掌声表示感谢。孩子需要时可以请父母一起表演。

可配合儿歌：

我们全家在一起，
唱歌说话做游戏。
一人一次来表演，
我把掌声送给你。

游戏四：什么不见了

游戏目标：培养孩子的观察力、记忆力及语言表达能力

游戏过程：准备一个盒子，盒子里有孩子熟悉的3～5种不同材料、不同质地、不同颜色的玩具。看护人拿出盒子并晃动，引发孩子的兴趣，鼓励孩子听一听、猜一猜："盒子里会有什么呢？"请孩子伸手到盒子里摸一摸，然后说一说摸到了什么。看护人请孩子从盒子中拿出两种自己喜欢的玩具放在面前，说出其名称、颜色等。然后，看护人请孩子闭上眼睛，同时快速收起一件玩具，最后请孩子睁开眼看看什么玩具不见了。

可配合儿歌：

我和宝宝做游戏，
摆出许多小玩具。
一样一样记清楚，
什么没了告诉我。

温馨提示：

此游戏主要是引导幼儿观察的同时学会记忆，甚至发展语言能力。孩子描述不见了的玩具时，看护人要认真倾听，及时鼓励和引导。

第25～30个月认知发展特点与教育

发展与规律

基本认知

25～30个月的幼儿，不仅能分辨多种色彩，还能至少正确指认一种颜色；能区分大小差异明显的物体；有了最基本的数的概念，能够了解2的概念；能够指认至少6个身体部位；还能说出自己是男孩还是女孩。

时间认知

25～30个月的幼儿会模仿成人说一些表示时间的词，却对这些词的意义不大理解。

记忆

25～30个月的幼儿记忆能力提高了，但是仍以无意识记忆为主，容易记住他们感兴趣的、外部特征突出的、带有情绪色彩的事物和动作。这时候，幼儿语词记忆开始增多，可以记住一些简单的儿歌、故事，可以根据成人的指令完成简单的任务，但其关于记忆的言语输出常常需要成人大量的提示或直接询问。

特点与兴趣

2岁以后的幼儿发展到了“询问期”。这个阶段的幼儿逐渐开始说完整的简单句，句型由简单的陈述句逐渐发展为复杂的疑问句。他们的认知能力也取得了巨大的进步，2岁之前，他们完全依赖感知觉和动作来认知外部世界，但是2岁后他们能凭借语言、头脑中的实物形象以及心理符号进行思考。他们喜欢问成人各种问题，比如，“这是什么？”“那是什么？”“他们在干什么？”

方法与促进

2岁以后的幼儿，视觉、听觉、触觉能力都有了提高，对各种物体产生浓厚的兴趣，可以通过看图片、外出参观等方式了解各种事物，认识日常生活用品、动植物、简单的自然现象等。这一时期，在帮助孩子认识各种物品的同时，我们还需注重幼儿思维能力的训练。下面推荐两个小游戏：

1.敲球台游戏。让幼儿根据指令敲击相应颜色的珠子，巩固对颜色的认知，锻炼手部力量。也可以变敲击为手指或掌心按压。还可以鼓励幼儿和家长竞赛，以提高趣味性。

2.叠叠杯游戏。让幼儿用叠杯玩具搭不同形状的高塔；可把小积木或其他小东西藏在叠杯内让孩子寻找；还可让幼儿将杯子按照不同颜色或者大小顺序排列，以培养幼儿的序列意识。

第25～30个月情绪发展特点与教育

发展与规律

表情沟通

2岁多的幼儿开始用表情影响他人。研究表明，2岁左右幼儿可能会进入一个语言沉默期，这时他们表达意愿或与他人的沟通，大多时候会通过表情实现。

情绪表达

这个年龄段的幼儿，会根据需要调节情绪的表达，即同一种情绪在不同场合会有不同表达。例如，高兴的表达，在家里和在公共场所是有区别的；同样是愤怒，在陌生人面前和在自己信任的妈妈面前，表现也会不同。这便是情绪表达的社会适应性表现。

情绪调节

幼儿这时发展出了自己调节情绪的方法，例如捂住眼睛或耳朵不去看或不去听令人不开心的景象和声音，这被称作限制感觉输入法；或者自言自语说着“妈妈说她很快就会来的，不用害怕，我一扭头就看见她了”；更高级的情绪调节法则是转变目标，如想要加入某个群体一起玩游戏，却遭到了拒绝，难过一会儿之后就自己去玩了。

共情

幼儿这时出现了共情，有了同理心，开始体验别人的内心世界。心理学的研究表明，共情是一种态度，也是一种能力，还是一种人格，所以获得共情能力至关重要。

特点与兴趣

伴随幼儿情绪能力的发展和认知能力的提高，尤其是想象力的发展，他们这时候的情绪通常与想象世界相关，而不是真实世界发生了什么带来了情绪反应。比如，他们会害怕黑夜，总觉得有怪物在床底下或窗户上趴着；害怕坏人，总害怕被抓走，再也见不到妈妈了；害怕大灰狼，总害怕被吃了；或者担心地震了，海啸了，被洪水冲走了。

如果家长与孩子的对话中，常常用与情绪相关的词汇，这个时候的宝宝便会在有情绪的时候，用这些词汇表达。这能帮助家长更好地理解他们。而且，这个阶段幼儿有了自己的爱好，如音乐、绘画、运动，家长可以多为孩子创造与其爱好相关的体验，同时也别忘了大自然才是幼儿最好的舞台。

方法与促进

2岁多的幼儿进入了最让家长头疼的“完美主义敏感期”和“执拗的秩序敏感期”，家长常常不能理解他们的做法和情绪，也没有那么多耐心去帮助他们实现他们的目标。所以，亲子矛盾在这个阶段是最容易激化的。

1.幼儿对自己情绪的调节与其气质类型和家长控制情绪的能力有关，所以家长要尊重幼儿的气质特点，不要拿其和其他孩子做比较。在生活中，家长要学会努力控制自己的情绪。

2.平时与孩子的沟通中，家长可以多跟幼儿讨论他们的情绪，现在的、过去的都可以讨论。家长可以尝试描述整个情绪事件，启发幼儿去思考当时的情绪可以如何调节，这就是情境再现法。家长要鼓励孩子积极寻求帮助，而不是压抑或躲避，要引导他们看见情绪背后的需要。

3.家长要给幼儿多做共情的榜样和示范。家长要共情幼儿，接纳他们的情绪，让幼儿知道，任何情绪都是正常的，都可以表达出来。共情还意味着家长要放下自己的评判和情绪，去感受幼儿的感受。共情不只是语言上的，身体上的亲密接触也是共情，拥抱、抚摸都是很好的做法。

第31～36个月

第31～36个月运动发展特点与教育

发展与规律

3岁时，幼儿走路基本上没有了全身紧张的表现，但由于他们的足部缺乏力量，脚掌缺乏应有的弹性，身体还会左右摆动，两臂摆动也还不自然。跑步时较平稳，但跑步蹬地力量小、步幅小，几乎看不到腾空阶段；跑步时上体很直，两臂不能直摆，而是夹在身体两侧，速度慢、反应慢；跑步的步幅、方向、速度都还不稳，容易摔倒。会骑乘小三轮脚踏车。能单足站立。会两脚交替上下楼梯；能原地向前、向上跳，会从高处向下跳，但跳的动作仍很不协调，弹跳力小，不会屈膝，跳得低且落地时身体不稳，不会将重心前移。会举起手臂从肩上投掷东西。能走平衡木或窄路，但常常低头、耸肩，行

走时身体摇晃，两脚不敢交替向前迈步。会边角相对，折叠长方形、正方形的纸。能系扣子、解扣子。能画圆形和交叉线。向杯中倒水时能控制流量。能够完成简单的拼图。

特点与兴趣

会两脚交替上下楼梯；会骑乘小三轮脚踏车；能系扣子、解扣子；好奇心强，凡事都想去尝试。

方法与促进

1.可以和幼儿做一些能锻炼幼儿控制身体平衡的游戏，如鼓励幼儿和成人一起用脚尖走路或单足站立。

2.幼儿学会往前跳后，成人可以引导幼儿向上跳。可以把玩具拴在两树之间或两物体之间，也可以由成人拎着，鼓励幼儿双脚离地够玩具。要注意的是，绳子最好用橡皮筋。

3.有些废旧材料既可以满足幼儿探究的需要，又能促进幼儿的动作发展。如纸箱子可以用来推、拉、跳进跳出等，矿泉水瓶可以滚、推、踢、扔等。家长可以给幼儿提供这样的废旧材料，任其自由玩耍。

游戏推荐

游戏一： 小飞机

游戏目标： 培养孩子的手眼协调能力及大动作能力

游戏过程： 看护人用粉笔在地上画一条横线，当作起点。看护人和孩子站在起点线上，分别拿一架纸飞机，说完儿歌后，把纸飞机扔出去，看谁的纸飞机飞得远。此游戏可以反复玩。

可配合儿歌：

小飞机，真神气，
放在肩上扔出去。
看看谁的飞得高，

比比谁的飞得远。

温馨提示：

1.鼓励孩子用左右手轮流扔纸飞机。

2.也可以把纸飞机换成沙包、小皮球等进行投掷。

游戏二： 小刺猬背果子

游戏目标： 促进孩子手眼协调和大动作的发展

游戏过程： 准备一盒橡皮泥，把一张小刺猬图片贴在一个小盒子或小筐上。看护人引导孩子“看看小刺猬背着什么？里边有什么？”然后告诉孩子小刺猬要背橡皮泥做的果子。看护人和孩子分别选择自己喜欢的橡皮泥。看护人鼓励孩子说出自己所选的橡皮泥的颜色并用橡皮泥做果子。看护人边说边用双手将橡皮泥揉圆：“橡皮泥，放手里，另一只手压上去。双手用力团呀团，团成一个圆果子。”最后将“果子”放进小刺猬“背着”的筐里。看护人示范完毕之后，引导孩子给小刺猬做“果子”。

温馨提示：

看护人不用手把手教孩子怎么做。在这个游戏过程中，孩子自己会观察和模仿。除了做“果子”，也可以给小刺猬做圆形或长条形“饼干”。

游戏三： 穿衣游戏

游戏过程： 准备一个衣服可以穿上、脱下的布娃娃。看护人引导孩子：“小娃娃要起床了，谁来帮助他穿衣服呀？”然后，鼓励孩子给娃娃穿衣服。然后，看护人学娃娃的声音对孩子说：“谢谢你帮我穿衣服。”

可配合儿歌：

我是小妈妈，我的本领大。
自己能穿衣，自己扣扣子。
小手真灵巧，人人把我夸。

温馨提示：

1.每天孩子起床或睡觉穿脱衣服时，看护人要鼓励、引导孩子自己穿脱衣服，只在孩子需要的时候给予帮助。

2.孩子一开始动作慢，和小手肌肉动作不灵活有关，看护人要耐心引导，不轻易包办代替。

第31～36个月语言发展特点与教育

发展与规律

这个月龄的幼儿所掌握词汇量在增加，可以使用形容词和代词，逐渐出现复合句，口语表达能力大大增强，可以与成人进行简单交流。

3岁是幼儿学习口头语言的关键期。幼儿之前使用的词汇多以名词和动词为主，快3岁时，幼儿会越来越多地使用形容词、副词、动词，其中最先大量使用的是形容词，而在形容词中最早出现的词汇以修饰人或物体具体特征的词汇为主。此后，幼儿将学会使用形容个性品质的词，会说："我是一个好孩子。"3岁的幼儿开始更多地使用代词，其中最常用的是"我"和"我的"，他还很难掌握第三人称代词。

这时，孩子使用的复合句大增，但还不能正确使用连词。这个月龄的幼儿所说的句子结构松散，缺少连词，一般由几个单词并列组成；句子长度开始增加，已能说出包含6～7个词的句子。有的孩子能说出包含11～15个词的句子，比如"让我妈妈给你买带被子的床"。在表达自己的想法时，有的幼儿也能够使用一些连词，如“因为”“所以”“如果”等，但他们在使用这些连词时，可能会出现错误使用的现象，如“妈妈，我不吃了，所以我不饿”。

这一阶段、幼儿经常会出现说话不流畅的现象，有时结结巴巴，有时一句话“破句现象”严重，听上去气喘吁吁，往往在不应该换气的地方换气。这是因为他们正在选择适宜的词语和正确的语法，思维和发音还不能匹配，表现得像是口吃。因此，这个年龄的孩子讲话不流畅、重复是正常的，不要给孩子贴标签，或是笑话、批评他。

特点与兴趣

这一阶段幼儿会更为主动地学习和使用语言。这个阶段的幼儿好奇心、求知欲变得更加强烈。见到以前没有经历过的事情，3岁左右的幼儿在强烈好奇心的驱使下，喜欢问各种“为什么”。如果家长及时回应幼儿，他们就能够学会大量的新词。

这个阶段的幼儿还会主动理解句法，创造新句子，用已有的知识框架解释他人的知识框架。比如，妈妈给幼儿讲故事时说："小鸡有两条腿，小狗有四条腿，螃蟹有……"幼儿会接着说"螃蟹有八条腿"。

这一阶段的幼儿自言自语的现象减少，这是因为他们的调节能力增强了。最初他们用出声的语言调节自己的行为，现在他们尝试用不出声的大脑内部思考来管理自己的行为。当他们使用头脑中的内部语言管理自己时，他们自言自语的现象就会逐渐减少。这也表明他们的语言能力有了质的飞跃。

方法与促进

1.为幼儿提供更多的学习和使用语言的机会。被称为德国早期教育领军人物的慕尼黑大学的留凯尔教授认为，幼儿的读写活动从两三岁时就可以开始。2～3岁的幼儿开始对读写产生浓厚的兴趣，成人可以抓住这个机会，发展他们的兴趣，给他们充分的学习和提高的机会。成人可以通过播放录音或是亲子共读的形式给幼儿讲故事。

2.给幼儿念儿歌、讲故事的过程中要注意重复。幼儿在反复接触同一事件的过程中，对这一事件的认识会逐渐加深。重复可让幼儿逐渐掌握故事中的词句，积累一定的好词好句，等到幼儿开口说话时，他们就能够运用学到的词汇。

游戏推荐

游戏一： 大家都醒了

游戏目标： 促进幼儿手部精细动作发展及手指分化

游戏过程： 看护人和孩子面对面坐好。"孩子，我们一起来玩个小游戏吧。"看护人边说边用手指做动作。

小手小手真淘气（拍手4次），

我们一起做游戏（双手手心相对，手指打开）。

大拇指睡了（双手大拇指向手心弯曲），

食指睡了（双手食指抱住大拇指，之后随儿歌歌词依次放下相应的手指），

中指睡了，
无名指睡了，
小拇指睡了。
你睡了，我睡了（双拳轻轻碰两下），
大家都睡了（闭眼做睡觉状）。

看护人等待3～5秒后继续说儿歌做动作：

小拇指醒了（双手小拇指张开，之后随儿歌歌词依次伸直相应的手指）。
无名指醒了，
中指醒了，
食指醒了，
大拇指醒了，
你醒了，我醒了（双手用力拍两下），
大家都醒了。

温馨提示：

1.开始时孩子对手指的名称不熟悉，动作和言语都要慢一些，要耐心等待孩子做出反应。

2.这个游戏适合在大运动之后进行，它能帮助孩子静下心来，缓解疲劳，发展小手动作的灵活性。

游戏二：指认物品

游戏目标：促进孩子的观察力和语言组织能力的发展

游戏过程：看护人和孩子一起观察家里的事物，看到什么便问孩子，如“这是什么地方？”“这儿都有什么呢？让我们一起看看。这是什么？”看护人要注意一次只能指一个物品，并耐心等待孩子回答，然后接着问：“它是干什么用的？”“它能做什么？”“你用它干什么？”“还有谁用它？”等待孩子回应。

温馨提示：

1.看护人要注意多角度和孩子对话交流，鼓励孩子认真听，让孩子听清楚再回答。

2.和孩子交流时，一次只提一个问题，并给足孩子思考的时间。

第31～36个月认知发展特点与教育

发展与规律

形状与颜色认知

31～36个月的幼儿视力已达到0.6，能够掌握简单的形状概念、区别常见颜色。3岁的儿童能够认识一些简单的几何图形，如圆形、正方形、三角形等，主要表现在形状的匹配能力上，如妈妈说“小宝，给妈妈一块长方形积木”，3岁的幼儿大多能够递给妈妈形状正确的积木，但是他们可能还说不清楚这是什么形状。他们往往会用自己熟悉的物体名称代替几何图形的名称，例如将圆形称为太阳、气球，将梯形称为屋顶，将半圆形称为月亮。这个月龄的儿童能区别红、黄、蓝、绿等常见的颜色，会尝试画有一定意义的涂鸦画，画画时至少能使用2种颜色。

大小与方位的认知

31～36个月的幼儿判断大小的精确性提高。这个阶段是幼儿判断平面图形大小能力急剧发展的阶段。如果爸爸妈妈让孩子找出大或小的物体，幼儿是可以做到的。除了能辨别

大小，这个月龄的幼儿也能够辨别上下，他们能够按爸爸妈妈的指令把物品放到桌子上面或者桌子下面。在能够辨别上下后，他们随后很快就能够辨别前后、左右了。

时间概念认知

3岁左右的幼儿对时间概念的理解多与他们具体的生活事件相关。例如，他们对周末的理解就是“不用去幼儿园的时候”，对晚上的理解就是“睡觉的时候”，对早晨的理解就是“起床的时候”。这个时期的幼儿对一些相对的时间概念仍难以理解，如会把过去的时间都称为“昨天”，把未来的时间都称为“明天”。

数的认知

3岁左右的幼儿初步具备数的概念，能够从1数到10，知道数字代表数量，但是还不能将数字与具体的数量匹配。例如，桌子上有4块饼干，他们数过后可能会说“有5块饼干”。

记忆

3岁左右的幼儿记忆能力提高了，能够记住一些简单的歌谣，也能记住家里主要成员的基本情况。比如，能够报出家庭成员的姓名和电话号码，知道爸爸妈妈白天要外出工作。有的幼儿还能记住爸爸妈妈的工作单位和职业。

特点与兴趣

31～36个月的幼儿喜欢玩假装游戏。大概从1岁半开始，孩子就会开始玩假装游戏，比如假装积木是小汽车，假装自己是售货员或司机等。假装游戏的复杂度会随着幼儿认知能力的发展逐步升级。最初，幼儿是将身边的物品假装成另外的物品，比如把绳子当成小蛇。接下来，他们还将学会创设情境故事，扮演各种角色，在玩耍的过程中还会与他人互换角色。

方法与促进

31～36个月的儿童认知能力迅速发展，这个阶段的重点是培养幼儿的思维能力，比如培养幼儿的图形认知、分类、比较能力，培养其想象力，增强其空间、时间概念。

1.引导幼儿辨识形状和颜色。可以将具体的形状概念与日常生活中的物体进行匹配，如告诉幼儿“太阳是圆的”，同时引导他说出日常物品中还有哪些物品是圆形的。还可和幼儿玩各种简单拼图游戏。

2.引导幼儿进行分类和比较。可以玩类似“分豆豆”的游戏，发展幼儿的逻辑思维能力和概括能力。具体做法为：准备红豆、黄豆、绿豆若干以及相应种类数的分类盒；爸爸妈妈先引导幼儿认识红豆、绿豆、黄豆以及分类盒，然后引导幼儿根据颜色把豆子放到相应的盒子里。注意提醒幼儿不要把豆子放到嘴、鼻子、耳朵里。

第31～36个月情绪发展特点与教育

发展与规律

社会性情感的发展

即将进入人生第三个年头的幼儿，发展出了社会性情感，例如自豪、怀疑、羡慕等情绪，也经常会表现出轻蔑和羞愧。这些情绪能帮助幼儿不断认识自己、认识他人和认识世界。他们开始羡慕其他小朋友有好玩的玩具、好看的衣服，他们也期望父母能给自己买一样的。

人格的发展（2.5～3岁）

心理学家埃里克森将这个阶段定义为“自主害羞与怀疑”的阶段。这一时期，儿童掌握了大量的技能，尤其是说话的技能，所以他们希望自己能做很多事情。对于这个阶段的幼儿，父母既不能放任，也不能太过严厉，否则会伤害幼儿的自主感和自我控制能力。当他们成功做到了，他们就会表现出自豪。如果父母对幼儿的保护或惩罚不当，幼儿就会产生怀疑，并感到害羞。因

此，把握好养的“度”，才有利于幼儿形成好的意志品质。

情绪调节策略多样化

幼儿开始学会调节自己的需要和父母的要求之间的矛盾。除了原来使用的逃避刺激法、自言自语法、分心放弃法外，他们开始学着用面部表情和语音语调来调节情绪，例如挨训的时候，可能会翻一下白眼表示愤怒；被赞美的时候可能假装压低声音，一副“没什么大不了”的表情。他们甚至在表情上可以控制快乐和惊讶的情绪，表现得非常成熟、淡定。随着年龄的增长，幼儿肆无忌惮地发泄情绪的情况将会变得越来越少。

特点与兴趣

这时起，幼儿情绪的冲动性减少，稳定性增加，他们不再像小时候那样说笑就笑、说哭就哭，这是因为他们调节和控制情绪的手段增多了。而且随着语言的发展，他们不但开始学着从表情上调节情绪且会用语言来辅助。例如，他们害怕的时候可能会对自己说“世界上根本没有魔鬼，这都是骗小孩子的，我才不怕呢”。同时，他们也更愿意谈论自己的情绪，还会有一些相当精确和形象的比喻，如“妈妈，这个故事太可怕了，我都想钻到你肚子里去了”。因为可以理解他人与自己的情绪不同，所以幼儿共情的水平也在不断增强。如他们会夸张地安慰那些受伤的小朋友说“你看我昨天刚摔了，腿都快摔断了，我

都没哭”。

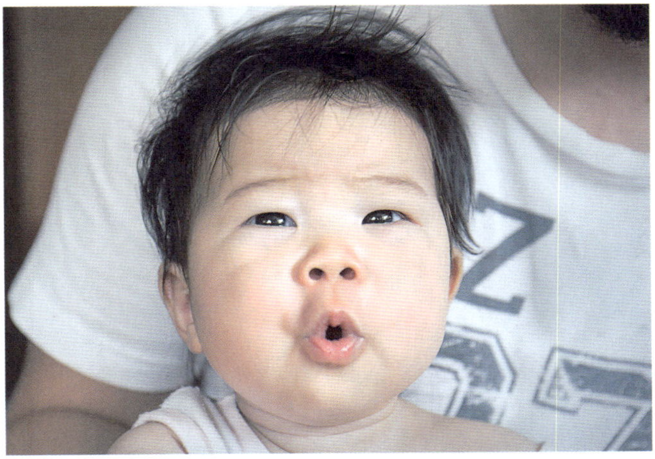

这个阶段的幼儿，对和小朋友交流很感兴趣，对富有想象力的游戏也很感兴趣。例如他们会把自己扮演成猴子、兔子等各种动物，并学它们的样子走路，他们对自己夸张的表演会很得意。

方法与促进

研究表明，喜欢交际的、自信的幼儿更善于调节自己的情绪，乐于帮助、分享，善于安慰他人。相反，那些情绪消极的幼儿则不善于控制自己的情绪，关心、同情等亲社会行为也比较欠缺。这个阶段，如果我们做好了孩子的情绪教育，便在很大程度上为幼儿做好了入园准备。

1.让宝宝学会控制情绪。最适宜的自我控制是什么呢？管得住，放得开，即在需要管住自己的时候可以适可而止，需要表达和释放的时候也能无拘无束。

2.让幼儿知道每个人的想法都不同，这是在培养幼儿的共情能力和思维的灵活性。

3.陶行知先生说：“生活即教育。”我们在生活里可以利用任何与教育相关的话题，启发幼儿思考，最终实现幼儿的自我教育，这才是教育真正的目的。

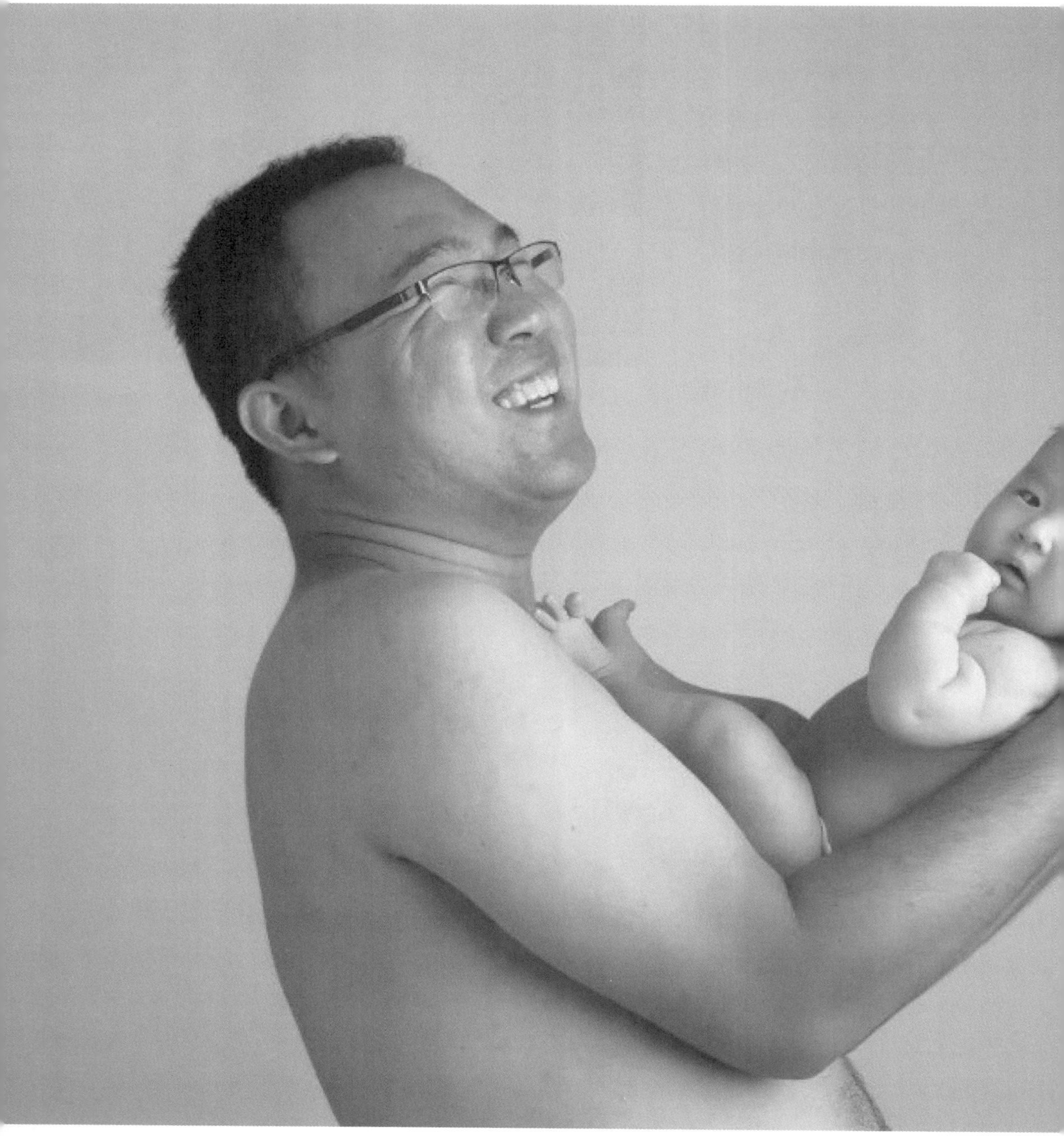

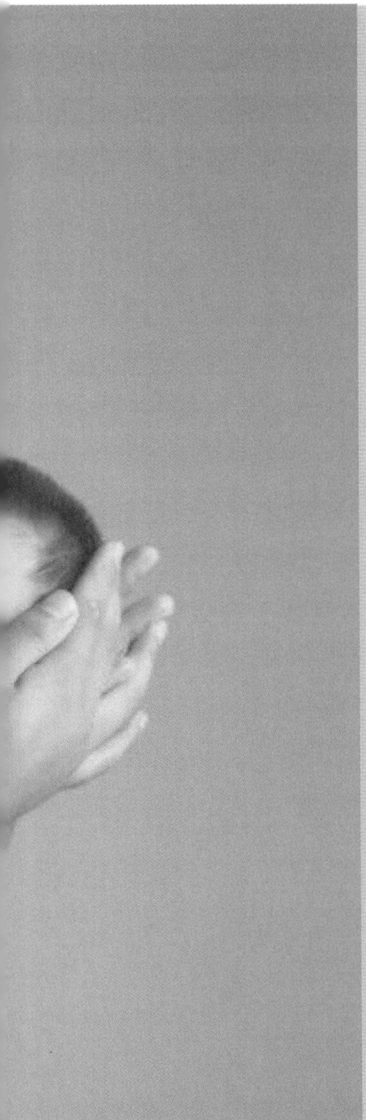

第三篇

婴幼儿生活习惯的培养

为什么早期习惯培养会影响孩子一生

习惯是什么？通俗来讲，当我们的某种行为成为常态，这种行为就可以称为习惯。习惯并不是与生俱来的，而是在后天慢慢养成的。我国著名教育家叶圣陶先生说过："什么是教育？简单一句话，就是要养成良好的习惯。"从一定角度来说，教育成功与否，就是要看孩子是否养成了良好的行为习惯。

孩子年龄越小，可塑性越强，因此要培养孩子良好的行为习惯，从孩子一出生就要开始付诸行动。从发展层面来讲，婴幼儿期孩子的习惯培养与吃、喝、拉、撒、睡这五种与生俱来的生理本能有着密切的关系。因此，这一时期习惯的培养基本可分为就餐习惯、排便习惯和睡眠习惯的培养。

孩子一出生，首先生活的环境就是家庭，父母是孩子的第一任老师。对于婴幼儿来讲，任何一种习惯的养成，都需要爸爸

妈妈的积极教育与引导。在帮孩子培养习惯之前，爸爸妈妈们首先要为孩子营造一个良好的家庭大环境。

良好的家庭氛围很重要

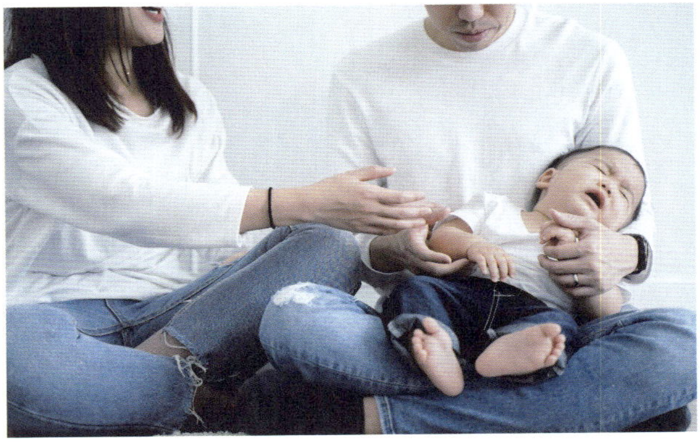

0～3岁的孩子大部分时间是在家庭度过的。良好的家庭氛围，如和谐的家庭环境、欢快的亲子关系、积极向上的家庭文化等，都有助于孩子热情、开朗、活泼的性格的形成，以及自尊心、自信心、自控力等的建立，从而有利于孩子良好习惯的培养。

做孩子的好榜样

正所谓“有样学样”，父母是孩子的第一模仿对象。父母的言行无时无刻不在影响着孩子。例如，父母在餐桌上表现出对某一食物的不喜欢，孩子也会效仿，从而可能导致孩子挑食、偏食，甚至可能因此造成孩子营养不均衡，影响孩子的生长发育；父母晚睡晚起，也会影响孩子睡眠习惯的培养，最终导致孩子晚上不早睡、早晨不早起。因此，在培养孩子好习惯的过程中，父母一定要以身作则，给孩子树立一个好榜样。

家庭内部的一致性

很多家庭中，父母要工作，老人是带孩子的主力军。由于年龄、经历、文化水平、性格、生活方式等的差异，在培养孩子行为习惯的过程中，家庭成员之间难免存在很多分歧，甚至矛盾。这可能导致孩子无所适从，使得孩子倾向于更能满足自己意愿的一方。这对孩子生活习惯的培养非常不利。因此，家庭成员需要共同学习科学的教养知识，在教育理念以及培养方式上克服分歧，才能真正帮助孩子建立正确的行为标准。

鼓励中养成习惯

0～3岁的孩子，在行为习惯养成的过程中，往往会出现“行为跟不上想法”的情况，比如如何使用勺子吃饭、如何用杯子喝水、如何在便盆上如厕……他们意识里也许知道该怎么办，但是由于身体动作发育情况还不足以让他们完美执行具体行为，于是通常会出现将饭撒得到处都是，不能用杯子很好地喝水，有了便意但还没有走到便盆就拉了……每当遇到这样的场景，有些家长就会指责孩子。然而，孩子习惯的培养，需要家长耐心示范和正面引导。通过家长的鼓励，孩子才能获得自信，体验成功带来的自豪感和自信心。家长一味地指责，只能打消孩子练习的积极性，限制孩子的发展，最终影响孩子好习惯的养成，甚至影响孩子的性格发展。

过度呵护要不得

做父母的都很爱自己的孩子，然而过度的关心和爱护就成了溺爱。尤其是正处在婴幼儿时期的孩子，会受到更多的关爱与呵护。比如，害怕孩子噎着、烫着、累着，很多家长就把食物弄得非常细碎，吹凉了，一勺一勺喂到孩子嘴里；断夜奶时，很多家长总是不忍心看着孩子哭闹，一次又一次地妥协。实际上，孩子并没有家长想象得那般弱小。长期事无巨细地照顾孩子，事事包办，不仅让家长身心疲惫，也会影响孩子好习惯的培养。

如何培养婴幼儿的饮食习惯

好习惯的形成可以成就孩子的一生。古人云："民以食为天。"就餐是孩子生命每一天最重要的环节。正因如此，很多家长更多地会关注孩子吃得多不多、吃得好不好，从而忽略了孩子饮食习惯的培养，导致孩子养成了挑食、偏食、边吃边玩等不良饮食习惯。不良饮食习惯容易使孩子营养摄入不均衡，从而影响孩子的健康成长。同时，不良饮食习惯还会影响孩子的自我服务能力、动作、性格的发展以及其他行为习惯的养成。所以，从小培养孩子良好的饮食习惯十分重要。

接下来，我们将根据0～3岁婴幼儿不同发展阶段的特点，具体讨论各发展阶段饮食习惯的养成。

0～3个月婴儿饮食习惯的培养

0～3个月的婴儿是应该按需哺乳还是按时哺乳？0～3个月期间，家长应顺应婴儿胃肠道逐渐完善的过程以及生长发育的过程，从按需喂养向规律喂养逐步过渡。

0～3个月婴儿消化系统的特点

0～3个月婴儿的消化器官发育还不够成熟，功能还不健全，胃容量还很小。孩子出生后第一天胃容量大约为5～7毫升，相当于玻璃弹球大小；第3天胃容量可增至22～27毫升，相当于大号玻璃弹球大小；10天后胃容量为30～60毫升，相当于乒乓球大小；到3个月左右，胃容量增加到130～160毫升。婴儿的胃呈水平位，贲门括约肌（食道与胃的连接处）较松弛，幽门括约肌（食物由胃进入肠道所经之处）较紧张。这期间，喂养过多、过快，喂奶后不久给宝宝变换体位，都容易导致胃中的奶溢出或呕吐。

如何按需母乳喂养

0～3个月是婴儿一生中生长发育速度最快的阶段，对母乳的需求量大，但是由于上述的生理原因，婴儿每一次吃奶的量并不大，所以吃奶会比较频繁。

识别婴儿是否饥饿是按需喂养的基础。一般来讲，婴儿出现以下几种情况时表明他饿了：婴儿的嘴巴如吸吮般张开、闭合，伸舌头，流口水，吸吮手指；当把手指或乳头送到婴儿嘴边时，婴儿会急切地吮吸。当这些情况出现时，妈妈就可以给婴儿喂奶了。最好不要等婴儿出现饥饿性哭闹（一般是闭着眼睛并出现有节奏的啼哭）时再给婴儿喂奶，因为哭闹是婴儿饥饿的后续表现。

新生儿时期（0～28天），每天喂养8～12次为宜，具体的喂养时间以及两次喂养之间间隔的时间可以是不规律的。随着月龄的增加，婴儿的胃容量逐渐增加，单次摄入的奶量也随之增加，奶在胃里排空的时间逐渐延长，喂奶次数则可逐渐减少，喂奶的间隔可相应延长。喂养的规律越明显，越有助于婴儿建立良好的吃奶习惯。

如何判断婴儿是否吃饱

婴儿如果吃不饱，不仅会影响生长发育，还会增加觉醒、哭闹的次数，影响婴儿和妈妈的睡眠和情绪，因此在泌乳量充足的情况下，妈妈可以从以下几个方面观察婴儿是否已吃饱：

1.婴儿在吃奶时，会有节律地吸吮并且伴有吞咽声，一般吸吮2～3次就会吞咽一次。如果他吃奶的速度放慢甚至停止，那就表明他吃饱了。

2.婴儿吃饱后一般能安睡2～3小时。如果婴儿睡眠少于2小时，且经常睡不安稳、哭闹，则可能是没有吃饱。

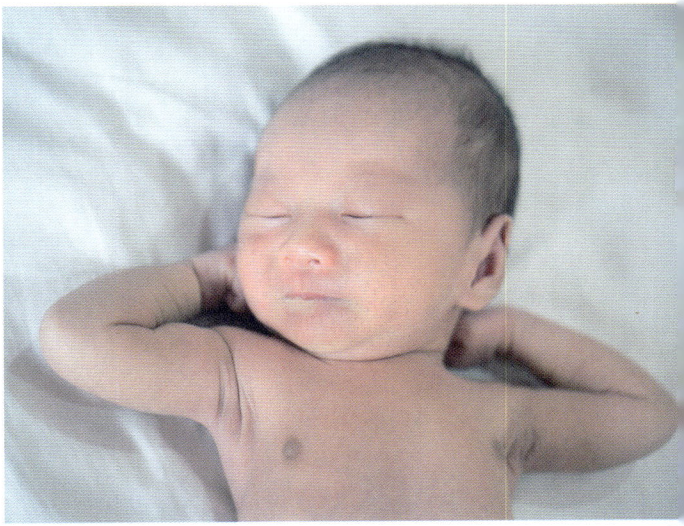

3.婴儿每天排尿8～10次，每天大便3～4次，并且为黄色略带绿色的软便。如果婴儿大小便达不到这个标准，那可能是没吃饱。需要注意的是，母乳喂养的婴儿大便一般为较稀的糊状，不成形，这属于正常大便，不是腹泻。

4.从体重上来看，足月出生的新生儿，体重在2.5～4千克，出生后几天会出现生理性的体重下降，如果体重下降幅度超过10%，则要看是否是生病或喂奶不足。婴儿满月时体重会增加0.5～1.5千克，3个月时平均每月分别增重约1.25千克和0.9千克。家长也可以根据公式［体重=出生体重（千克）+月龄×0.7］为婴儿计算体重，并且可以每个月对婴儿的体重进行一次测量，绘制婴儿的体重增长曲线，观察婴儿的体重增长状况，判断婴儿的喂养是否合理。

如何按需人工喂养

婴儿配方奶是不能进行纯母乳喂养时的无奈选择。中国营养学会编写的《中国居民膳食指南（2016）》中指出，当婴儿患有某些代谢性疾病；乳母患有某些传染性疾病或精神性疾病；乳母因各种原因摄入药物；乳母经过专业人员指导和各种努力后，乳汁分泌仍不足或无乳汁分泌时，建议首选适合婴儿的配方奶喂养。

对于配方奶喂养的婴儿，同样要按需喂养。不过需要注意的是，家长往往会担心婴儿吃不饱，从而出现过度喂养的情况。比如，不按照正确的方法冲调奶粉，将奶粉冲调得很稠；每次冲调的奶量大于婴儿的需求量，并“强迫”婴儿喝完。另外，奶嘴吸吮起来比乳头更容易，再加上婴儿的觅食反射以及对饱腹感不敏感，都会造成进食过量，从而导致婴

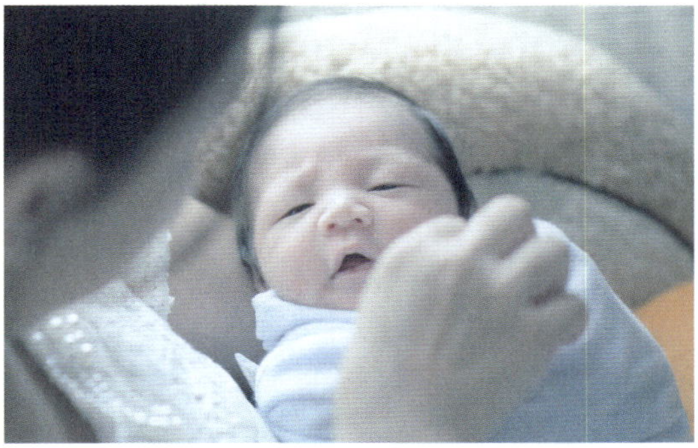

儿超重或肥胖，增加婴儿远期肥胖的风险。

对于配方奶喂养的婴儿，美国儿科学会指出，平均来说，婴儿的体重与每日的食量的关系为：每453克对应75毫升。新生儿胃容量非常有限，在出生后3～4天，每次喂养量为30～60毫升，每隔3～4小时吃一次；满月时每次喂养量可达到90～120毫升，之后每月每顿增加30毫升，直至达到上限210～240毫升。不过，婴儿的个体需求是不一样的，对配方奶的需求量自然也不同，家长需要通过观察判断适合自己孩子的奶量、喂养间隔。一般来讲，3个月龄内的婴儿奶量为500～750毫升/日。

4～6个月婴儿饮食习惯的培养

4～6个月的婴儿，无论是纯母乳喂养、配方奶喂养还是混合喂养，都建议将母乳或者配方奶作为婴儿的唯一食物。随着时间的推移，婴儿的胃容量有所增加，喂养的间隔时间可逐渐延长。家长可以根据婴儿的需求，通过定时喂养帮助婴儿逐渐形成自己的进食规律。一般来讲，4～6月龄逐渐定时喂养，每3～4小时一次，每日约6次，可逐渐减少夜间哺乳，可帮助婴儿形成夜间连续睡眠的能力。

不过，每个婴儿都有自己独特的需求。家长要细心观察婴儿的状态，监测婴儿的体格发育，找到适合的喂养规律。

宝宝添加辅食的信号

由于婴儿的个体差异，给婴儿添加辅食的时间也因人而异，一般情况下，最早不宜早于6个月，最晚不宜超过8个月。家长需要根据婴儿的一些具体表现，判断是否需要给婴儿添加辅食：

1.母乳喂养的婴儿每天喂8～10次，或配方奶喂养每天奶量超过1000毫升，婴儿仍然吃不饱；

2.足月的婴儿体重达到出生时体重2倍以上，低出生体重儿体重达到6千克时，或足够奶量婴儿体重增加不达标；

3.婴儿可以依靠外力进行靠坐，颈部力量可以支撑头部，可保持利于进食的姿势；

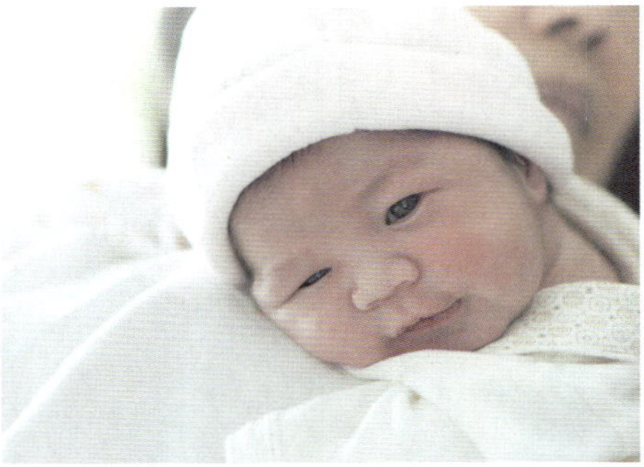

4.开始对大人吃饭感兴趣，看到食物会表现出兴奋、好奇；

5.伸舌反射消失，家长用勺子将食物送入其口中后，可以吞咽。

如果婴儿具有以上表现，并且胃肠道能够较好地消化食物，就可以给婴儿适当添加辅食。添加的辅食量以能代替1～2次母乳或配方奶喂养为宜。

7～9个月婴儿饮食习惯的培养

世界卫生组织和中国营养学会推荐，满6个月的婴儿开始添加辅食。主要有以下几个原因：

1.婴儿消化器官逐渐发育完善，唾液中的淀粉酶逐渐增加，具备了消化母乳以外的食物的能力。及时给婴儿添加辅食，可以促进婴儿的口腔运动能力和肠胃蠕动能力，逐渐强化婴儿的消化机能。

2.从4个月开始，婴儿体内储存的铁元素逐渐消耗殆尽，母乳中铁元素含量也不足以满足婴儿的需求，所以必须从辅食中获取充足的铁元素，才能满足身体发育的需要，否则容易缺铁或出现缺铁性贫血。同时，由于婴儿的快速生长，婴儿对能量、蛋白质、维生素及各种矿物质等营养物质的需求大大增加，单纯的母乳或配方奶已经不能满足婴儿的生长所需，因此婴儿满6个月时必须尽快添加辅食。

3.研究发现，出生17～26周的婴儿对不同口味的食物接受度最高，而26～45周的婴儿对不同质地食物的接受度最高。因此，适时添加与婴儿发育水平相适应的不同种类、不同质地和不同口味的食物，可以促进婴儿的味觉、嗅觉、触觉等感知觉的发展，降低婴儿发生偏食、挑食的概率。

4.这时，婴儿的认知、运动和行为能力都有较大的发展。婴儿在5个月的时候，只用胳膊就可以轻松地撑起上半身；6个月时就可以逐渐练习靠坐，控制头部的能力增强，这有利于进食。婴儿的伸舌反射已经消失，可以用小勺喂养，并能吞咽稀糊状食物。同时，婴儿的协调能力增强，他们开始用手探索世界，喜欢往嘴里放东西。添加辅食不仅可以给婴儿提供认知和适应多样化食物的机会，还可以锻炼其手眼协调能力，让其由被动喂养逐步向主动进食过渡。并且，辅食添加还可以锻炼婴儿的口腔运动能力，有助于婴儿语言能力的发展。

7～9个月是婴儿辅食添加的初始阶段，仍然需要继续母乳喂养，每天喂养4～6次为宜，并逐渐减少夜间喂奶的次数。如果是配方奶或混合喂养的婴儿，要保证每天摄入600毫升奶。这个阶段的婴儿，可以尝试吃多种口味的食物，除母乳和（或）配方奶外，可以每天喂2次辅食。为了培养婴儿良好的饮食习惯，从添加辅食开始就应将进食辅食安排在家人进餐的同时或相近时间段，让婴儿的进餐时间基本与家人一日三餐的进餐时间保持一致。

每日膳食安排举例：

早上7点：母乳和（或）配方奶

上午10点：母乳和（或）配方奶

中午12点：各种泥糊状辅食，如婴儿米粉、稠厚的肉末粥、菜泥、果泥、蛋黄等

下午3点：母乳和（或）配方奶

下午6点：各种泥糊状辅食

晚上9点：母乳和（或）配方奶

夜间可能还需要母乳和（或）配方奶喂养1次

以上安排仅供参考。每个家庭需要根据宝宝的具体情况进行调整。

7～9个月的宝宝，手部精细动作有了长足的发展，学习用杯子喝水、用勺子吃饭都有助于培养婴儿的进餐能力和良好的饮食习惯。

如何引导婴儿用杯子喝水

美国儿科学会建议，婴儿在6月龄之后就可以开始学习使用杯子喝水了。让婴儿学习使用杯子，可以帮助婴儿戒掉奶瓶，从而避免长期使用奶瓶所带来的危害。比如，婴儿会由于吸吮奶瓶比较省力而想吃更多的东西，导致超重或肥胖；婴儿可能会在吃奶的过程中睡着，从而让牙齿浸在奶液中，长此以往，会造成龋齿；由于吸吮比咀嚼更容易，以致在添加辅食时，婴儿因更喜欢用奶瓶喝奶，而不愿意吃辅食，从而导致辅食添加困难；长时间用奶瓶喝奶，婴儿口腔运动不足，咀嚼能力得不到充分锻炼，影响语言发展……所以，要在12～18个月内让婴儿戒掉奶瓶，最晚也不要超过2岁。

婴儿用杯子喝水，可以提高手、眼、嘴的协调能力，还可以锻炼口腔运动能力，有利于语言能力的发展。刚开始的时候，可以先用学饮杯，即鸭嘴杯。这种杯子的特点是，有一个形状像鸭嘴一样的杯口，杯子两侧有把手，婴儿很容易抓稳。

开始时，往杯子里放少量的水，给婴儿示范如何将水杯放到嘴边，如何将水杯倾斜喝水，然后让婴儿自己用两只手拿起杯子尝试喝水。不过，大多数婴儿在相当长的一段时间里可能会将杯子当成玩具来玩耍，家长要有足够的耐心，按照婴儿的兴趣和意愿，让他逐渐习惯用杯子喝水。一旦婴儿掌握了握杯子的方法，就可以让婴儿用杯子而不是用奶瓶喝奶。

如何引导婴儿用勺子吃饭

7～9个月，婴儿已经开始学习使用吃饭的工具了。吃饭的时候，可以准备两把勺子，一把让婴儿拿着玩，一把用来给婴儿喂食。这个阶段的婴儿，主要是通过用手摆弄勺子来认识餐具。由于手的动作还不熟练，婴儿还不能准确地用勺子将食物送入嘴中，掉在身上和地上的食物比吃进去的多。为了保证婴儿的进食量，可以在锻炼婴儿自己进食的同时，辅助性地对婴儿进行喂食。同时，可以给婴儿戴上围兜，地上铺一层废报纸或塑料布，这样便于收拾，也可避免家长因为清理工作烦琐而产生不良情绪，影响对婴儿的引导。

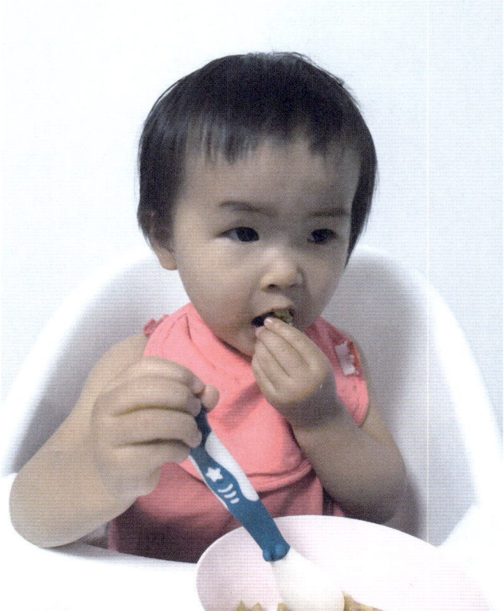

其他就餐习惯的培养

父母的进食行为和态度都是婴儿模仿的榜样。从婴儿第一次坐在餐桌旁的那一刻起，他的模仿就开始了，因此家长一定要注意保持良好的进食行为和习惯。

一、专心吃饭

就餐时，家长应避免玩手机、看电视或让婴儿玩玩具等行为，以免分散婴儿的注意力，降低婴儿对食物的关注度和兴趣，从而影响进餐。

二、固定地点

就餐时，尽可能给婴儿提供固定的餐位。可以将婴儿放入餐椅中，将事先准备好的食物放在婴儿面前。最初婴儿用不好勺子，大多数时候是用手抓食物，不要过多干涉，也不用担心婴儿吃得太少。这时，母乳或配方奶仍然是婴儿的主要食物，辅食吃多吃少由婴儿自己决定。

三、固定时间

为婴儿添加辅食，开始时最好是一天一餐，然后逐步过渡到一天两餐；就餐的时间逐渐和家人一致，这样可以帮助婴儿养成规律的进食习惯和生理节奏。

四、不表达对食物的喜恶

对于这个阶段的婴儿，可以让他尝试不同口味、不同质地的食物，婴儿会逐渐表现出对特定食物的喜好或厌恶。家长应允许婴儿在准备好的食物中挑选自己喜欢的食物。对于婴儿不喜欢的食物，家长可以通过改变烹调方法和食物的搭配，鼓励婴儿尝试。同时，家长也要以身作则，不在餐桌上表现出对某种食物的喜恶，以免影响婴儿对食物产生偏好，导致挑食、偏食等不良习惯的形成。

10～12个月婴儿饮食习惯的培养

10～12个月的婴儿，母乳仍是他的主要食物，每天应保持600毫升的奶量，分3～4次喂养。这期间，每天添加辅食2～3次，每天鸡蛋1个，肉、禽、鱼50克以保证摄入足量的动物性食物；适量的铁强化米粉以及其他谷物类稠粥；并根据婴儿的需要添加不同种类的蔬菜和水果。这期间，可停止夜间对婴儿的喂养，白天一日三餐的时间安排与家人保持一致。如果不能进行母乳喂养或母乳不足，要用适合婴儿的配方奶作为补充。

每日膳食安排举例：

早上7点：母乳和（或）配方奶，加婴儿米粉或其他辅食（以喂奶为主，必要时添加辅食）

上午10点：母乳和（或）配方奶

中午12点：各种厚糊状或小颗粒状辅食，可尝试软饭、肉末、碎菜等

下午3点：母乳和（或）配方奶，加水果泥或其他辅食（以喂奶为主，必要时添加辅食）

下午6点：各种厚糊状或小颗粒状辅食

晚上9点：母乳和（或）配方奶

以上安排仅供参考。每个家庭要根据婴儿的具体情况进行调整。

如何引导婴儿用杯子喝水

10～12个月的婴儿可以开始练习使用吸管杯喝水了。有的婴儿可以跨过鸭嘴杯直接使用吸管杯。最初可以给婴儿选择带有重力球的吸管杯，这样婴儿无论是躺着还是坐着，无论是低头还是仰头都可以喝到水，从而避免婴儿因为喝不到水而拒绝使用吸管杯。为了让婴儿更容易接受吸管杯，可以在吸管杯中放入少量的母乳或配方奶，让他知道用吸管杯也可以吃到奶。当婴儿能够很好地掌握吸吮和握杯子的技巧，就可以给婴儿更换普通的吸管杯了。因为个体差异、动作发展有快有慢以及对事物的接受程度不同，婴儿如果不接受吸管杯，可以暂时放到一边，以后再使用，或者也可以不用，直接让婴儿使用正常的杯子。

如何引导婴儿用勺子吃饭

10～12个月的婴儿咀嚼和消化能力较以前有了很大的发展，辅食的质地可以比前期更加稠厚、粗糙，可带有一定的小颗粒，并可以给婴儿准备便于抓握的“手指食物”，比如香蕉块、香蕉条，蒸熟的土豆块、土豆条等，让他用手去感知不同形状、不同软硬程度的食物。可以将准备好的“手指食物”放在桌子上让宝宝尝试自喂。这个阶段，之所以应多给婴儿提供条状食物，是因为抓握条状食物的感觉与抓握勺子相似，便于他日后顺利过渡到使用勺子自喂。

当婴儿能够较准确地将食物送入嘴中，就可以引导他开始使用勺子吃饭了。家长可以先为婴儿示范如何用勺子将食物放入嘴中，动作可以夸张一点，这样可以引起他的注意，增加他对吃饭的兴趣。婴儿学习使用勺子吃饭需要不断练习，家长一定要有耐心，不要因为他暂时不能正确使用勺子，将食物弄得到处都是而阻止他甚至指责他。

1～2岁幼儿饮食习惯的培养

1～2岁的幼儿，每天的进奶量应保持在500毫升，分3次喂养；每天辅食喂养3次，时间安排与家人的一日三餐一致，与家人共同就餐。这期间，辅食添加的内容每天可以这样安排，鸡蛋1个，肉、禽、鱼50～75克，软饭、面条、强化铁米粉等谷物类约50～100克，并继续尝试不同种类的蔬菜和水果，可让幼儿尝试啃咬水果片或煮熟的大块蔬菜。

每日膳食安排举例：

早上7点：母乳和（或）配方奶，加婴儿米粉或其他辅食

上午10点：母乳和（或）配方奶，加水果或其他点心

中午12点：各种辅食，鼓励幼儿尝试成人的饭菜，鼓励幼儿自己进食

下午3点：母乳和（或）配方奶，加水果或其他点心

下午6点：各种辅食，鼓励幼儿尝试成人的饭菜，鼓励幼儿自己进食

晚上9点：母乳和（或）配方奶

以上安排仅供参考。每个家庭需要根据宝宝的具体情况进行调整。

如何引导幼儿用杯子喝水

使用吸管杯只是幼儿学会使用普通杯子之前的一种过渡。如果1岁或者更大的幼儿可以很好地使用吸管杯了，但是还长期依赖吸管杯进食，不仅会引发牙齿问题，还可能导致幼儿超重。所以，要限制幼儿使用吸管杯的次数，在幼儿需要用的时候再用。

对于1～2岁的幼儿，可以先给他准备一个啜饮杯，这种水杯可以控制流速和流量，不至于一下子出很多水，能让幼儿有一个熟悉从杯子边缘喝水的过程，然后再过渡到普通的敞口杯。当然，也可以直接让幼儿用敞口杯喝水。

在幼儿练习使用敞口杯的过程中，家长要时刻陪在他旁边，防止他被水呛到，同时可以帮助他掌握握杯子的方法，让他逐渐学会控制杯子的倾斜程度。如果幼儿已经戒掉奶瓶但还不能完全使用敞口杯，可以继续使用吸管杯。但是，只要幼儿能够使用敞口杯，就要及时换掉吸管杯，不能因为担心幼儿把水洒得到处都是而让他一直使用吸管杯。

如何引导幼儿用勺子吃饭

幼儿1岁时，会尝试用小勺自喂，但仍有较多撒落；1岁半时，可以用小勺自喂，但仍有较多撒落；2岁时，能用小勺自主进食并较少撒落。这个阶段的幼儿，手部的精细动作越来越好了，可以用拇指和食指捡起细小的物品。家长可以给幼儿示范如何用拇指、食指和中指抓勺子，并鼓励他模仿，渐渐地他就会握勺子了。当幼儿能够很好地抓握勺子去触碰食物了，家长可以示范如何用勺子将食物送入嘴中。家长不用担心幼儿吃不到饭，如果他饿了，用勺子不能满足自己吃饭的欲望，他会用手抓食物吃。只要家长耐心引导，幼儿会慢慢学会用勺子自主进食。

1岁左右的幼儿，大脑的求知欲望很强，迫切地想知道自己手中拿的是什么，是用来做什么的，会拿到什么扔什么，包括餐具。所以，幼儿扔勺子或其他餐具时，是了解勺子或其他餐具的过程，而不是很多家长认为的“搞破坏”。家长不要呵斥幼儿，要和他一起研究并用语言告诉他勺子的质地、结构和用途，比如：“宝宝，这是一把勺子，它是用塑料做的，是用来吃饭的。我们可以用手抓住这个长长的柄，把饭盛起来放到嘴巴里。”渐渐地，他就会明白勺子是用来吃饭的，而不会随便将勺子当玩具一样扔来扔去。

除此之外，语言的鼓励也非常重要。无论是用杯子喝水还是用勺子吃饭，在幼儿练习的过程中，要及时给予鼓励和赞扬，比如：“宝宝可以自己用勺子吃饭了，真能干。”这样可以增强幼儿的自信心。

2～3岁幼儿饮食习惯的培养

2～3岁的幼儿仍处于培养良好饮食习惯的关键阶段。良好的饮食习惯是宝宝获得全面的营养和促进消化吸收的保障。因此，要注意引导宝宝自主、规律进餐。每天应该安排早、中、晚三次正餐，在此基础上在上午和下午各安排一次加餐。加餐应以奶类、水果为主，时间应在正餐前2小时左右，以免间隔时间太短，影响宝宝正餐的进食量。

如何引导幼儿练习使用筷子

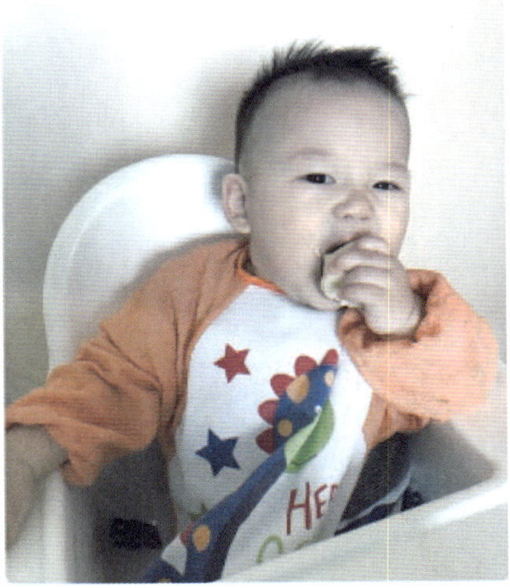

幼儿2岁时，已经可以和家人一起安排一日三餐，吃一样的食物，也可以很好地使用勺子吃饭，会用杯子喝水了。此时，可以让幼儿练习使用筷子吃饭。家长可以为幼儿示范正确握筷子的动作，不过一开始幼儿会用整只手抓筷子，并用筷子挑起食物。家长不要着急，可以帮助幼儿慢慢纠正。

幼儿学会握筷子之后，可以先练习用筷子夹一些较大、较轻的食物，如蔬菜叶；待动作熟练之后，再练习夹较小、较重的食物，如豌豆。幼儿在练习的过程中，家长一定要陪伴在旁边，防止他被筷子戳伤。

如何避免幼儿挑食、偏食

幼儿到了2岁，有了自己的想法，不会总是按照大人的指令去做事，变得“不听话”了，开始频繁说“不”，出现一些反抗行为，比如让他吃什么，他偏不吃，而且还总是要求吃自己喜欢吃的食物。这些行为的出现是这个时期幼儿特有的心理

特征导致的，他是在通过反抗行为来证明自己的存在，自己和他人不同。同时，他也是在用这些行为试探如果不按照指令来做会出现什么后果。所以，如果出现这些情况，家长不要认为幼儿“不听话”，强迫幼儿吃他不喜欢的食物，而是要进行正确引导，以免幼儿出现挑食、偏食的不良习惯。

一、不要强迫幼儿吃他不喜欢吃的食物

由于食物的性状、口感、味道等各不相同，幼儿自然会对食物有偏好。当幼儿拒绝某种食物时，家长可以尝试以下方式：

1.改变烹调方式。将幼儿不喜欢的食物和其他的菜、肉混合剁碎包成饺子、包子、馄饨等；将大块的食物做小，硬的食物做软，如将煮鸡蛋换成鸡蛋羹。

2.改变食物分量。对于幼儿不喜欢的食物，可以采用小分量供应，多次鼓励幼儿进行尝试，并且及时给予表扬，但是不可强迫喂食，以免增加幼儿对食物的厌恶。

3.增加进食的趣味性。将食物放入幼儿喜欢的容器中，同时在吃饭的时候，给幼儿讲关于食物的小故事，可以增加幼儿吃饭的趣味性，更容易让幼儿接受他不喜欢的食物。比如，可以将食物放入小兔子形状的容器中，告诉幼儿：“宝宝，你是

不是很喜欢小兔子？小兔子爱吃什么？是不是爱吃胡萝卜呀？你看小兔子吃了胡萝卜，眼睛又大又亮……”

二、不要只给幼儿吃他喜欢吃的食物

没有任何一种食物可以满足幼儿生长发育的全部营养需求。如果只给幼儿吃他喜欢吃的食物，长此以往会造成幼儿营养摄入不均衡，影响他的生长发育，同时会让他更加挑食、偏食。所以，在幼儿拒绝某种食物时，可以这样：

1.用同种类的其他食物进行替换。2～3岁的幼儿每天摄入的食物种类基本包括谷物类、畜禽肉蛋类、奶制品类、蔬菜水果类这四类。每一种类的食物都有多种具体食物可以选择，可以多尝试，以找到幼儿喜欢的，比如幼儿不爱喝牛奶，可以用酸奶替换。

2.尊重幼儿的选择。幼儿接受每一种新的食物，都需要一个适应的过程。如果幼儿不能立刻接受，而家长非要强迫他立刻吃下去，容易让他对新食物产生恐惧。可以先让幼儿用手抓、捏，用鼻子闻，用嘴巴咬，以此熟悉和适应食物的性状、味道等，然后让幼儿自己决定吃还是不吃。这样幼儿也许更容易接受他不喜欢的食物。

三、其他就餐习惯的培养

1.专注进食。2～3岁的幼儿注意力不集中，容易被其他事物吸引，比如玩具、电视等，从而可能降低其对吃饭的兴趣。因此，在吃饭时，家长应为幼儿营造专心吃饭的环境，避免边吃边玩、边吃边看电视等。

2.定点、定时、定量进餐。给幼儿提供固定的就餐位置，定时、定量进餐，吃多少由宝宝决定，不强迫喂食。幼儿离开餐位后，不要追着喂，以免他将吃饭当作游戏，否则会影响幼儿对食物的消化。

3.控制幼儿吃饭的时间。吃饭时，引导幼儿细嚼慢咽，锻炼他的口腔运动和咀嚼能力，从而避免由于咀嚼不充分，增加胃肠负担。不要无限延长吃饭时间，控制在30分钟左右为宜。

4.正确选择零食。选择合适的零食以及合理安排吃零食的时间，不仅可以给幼儿补充营养，还可以让他的饮食更加丰富。应尽量选择新鲜、天然、容易消化的食物，比如酸奶、蔬菜、水果、磨碎的坚果等；少选高油、高盐、高糖的食物，比如油条、薯片等油炸和膨化食品，香肠、鱼罐头等加工腌制类食物，蛋糕、果汁、含糖饮料等高糖食物。零食应安排在两次正餐之间，量不宜多，以免影响正餐的进食量。

2～3岁幼儿推荐和限制的零食

推荐	限制
新鲜水果、蔬菜	果脯、果汁、果干、水果罐头
乳制品（液态奶、酸奶、奶酪等）	乳饮料、冷冻甜品类食物（冰激凌、雪糕等）、奶油、含糖饮料（碳酸饮料、果味饮料等）
馒头、面包	膨化食品（薯片、爆米花、虾条等）、油炸食品（油条、麻花、油炸土豆等）、含人造奶油的甜点
鲜肉、鱼制品	咸鱼、香肠、腊肉、肉罐头等
鸡蛋（煮鸡蛋、蒸蛋羹）	
豆制品（豆腐干、豆浆）	烧烤类食品
坚果类（磨碎食用）	高盐坚果、糖浸坚果

如何培养婴幼儿的排便习惯

对婴幼儿来讲，独立大小便并不容易。婴幼儿首先需要感受来自肠道或膀胱的刺激，并要学会控制括约肌，然后才能学会排泄，这需要经历一个比较漫长的过程。因此，排便练习需要等婴幼儿在生理和心理上准备好再开始。

0～6个月婴儿排便习惯的养成

传统尿布与纸尿裤的区别

孩子在出生前，需要准备的物品之一就是纸尿裤或传统的尿布。很多家庭会因此产生分歧，长辈一般倾向于用传统尿布，而年轻的爸爸妈妈们则更青睐于纸尿裤。如何是好呢？实际上，传统尿布和纸尿裤各有优缺点。

传统尿布可以用旧的床单、衣物、棉布等裁剪而成，可以重复利用，比较经济，且透气性好。其缺点在于：

1.隔湿性相对较差，由于宝宝还不能很好地控制大小便，且尿便次数多，需要频繁更换；

2.尿布需频繁更换，白天不仅会影响宝宝的玩耍，还可能影响宝宝大运动的发展，夜间则可能影响宝宝的睡眠；

3.考虑到宝宝的皮肤比较娇嫩，在清洗传统尿布时，需要选择温和无刺激的洗涤剂，并且要清洗干净，避免有洗涤用品残留，同时还要充分晾晒，工作量较大。

纸尿裤相比传统尿布而言，更换次数少，用完后扔掉即可，减轻了换洗的劳累，不过也有其不利的一面：

1.更换不及时的话，容易引起宝宝尿布疹、尿路感染等；

2.纸尿裤原材料若不合格、透气性差、吸水性不好等容易引起宝宝不适；

3.价格比较昂贵，用量大，会在一定程度上增加家庭的经济负担。

可以根据家庭的实际情况选择使用传统尿布还是纸尿裤。建议白天使用柔软、透气性好的传统尿布，或传统尿布与纸尿裤交替使用；夜间使用纸尿裤，以保障宝宝的睡眠时间和睡眠质量。

如何更换纸尿裤

1.在给宝宝更换纸尿裤之前，首先要准备好所需要的物品，尽量避免在更换过程中离开宝宝。需要准备的物品有：尿布垫、干净的纸尿裤、婴儿湿巾、装有温水的小盆、质地柔软的毛巾及备用的干净衣物等。

2.将尿布垫铺在宝宝屁股下面，取下脏的纸尿裤，抬起宝宝的双踝，用婴儿湿巾轻轻擦拭宝宝屁股。

3.用温水清洗宝宝屁股，并用毛巾将屁股上的水分吸干。

4.给宝宝换上新的纸尿裤。注意，先将有粘扣的一侧放在宝宝屁股下面至腰部；然后将另一端搭在宝宝肚脐略靠下的位置，用粘扣粘住；再将宝宝腹股沟处纸尿裤的边缘位置整理一下，以免宝宝感觉不舒服。

5.整理好宝宝的衣物。如果宝宝的衣物被尿便弄脏，需要给宝宝更换干净的衣物。

如何清洗男宝宝的私处

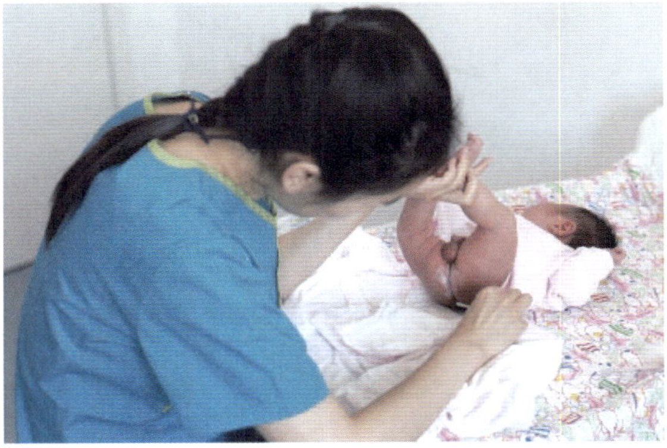

男宝宝的阴囊和阴茎（小雀雀）的褶皱很多，容易留存汗液、尿液以及大便残渣，因此，一定要经常清洗和护理，避免细菌繁殖。

清洗时，轻轻抬起宝宝的双腿，先用湿巾从上到下轻轻擦拭；然后轻轻地扶直宝宝的阴茎，擦拭根部以及皮肤表面的褶皱（由于宝宝的包皮和龟头还长在一起，不必刻意清洗，以免翻动时伤害宝宝的生殖器）；擦拭干净后，再用温水清洗；最后用干净的毛巾将皮肤表面的水分轻轻沾干。除此之外，还要将腹股沟处的皮肤清洗干净。

如何清洗女宝宝的私处

女宝宝生殖系统与男宝宝相比差别较大，更容易造成各种感染，因此在排便后一定要清洗干净。

在清洗时，先用湿巾由上而下轻轻擦拭，以免将便便带入阴道或尿道，从而导致感染；再用手指轻轻拨开宝宝的大阴唇，从上而下清洗；然后清洗肛门和腹股沟的部位；洗完后，用干净的毛巾

将以上清洗过的部位轻轻擦干。

宝宝大便的一般规律

大便的形状、颜色、气味以及一天中大便的次数反映了宝宝的饮食和消化吸收的状况，可以据此判断宝宝是否发生腹泻或便秘。因此，识别宝宝正常的和异常的大便非常重要。以下是布里斯托大便分类法，供大家简单了解。

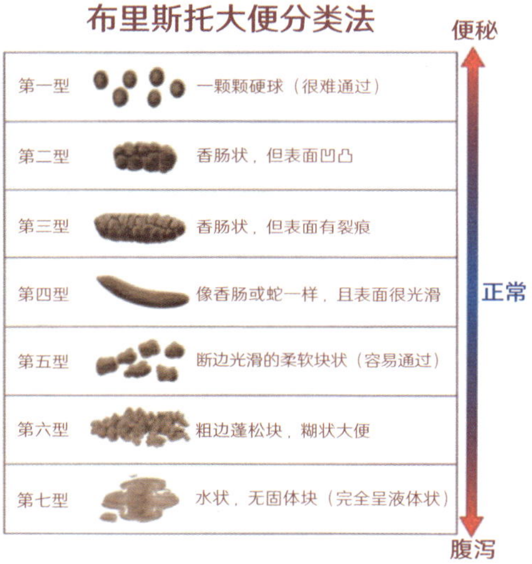

以下是宝宝出生之后大便的变化情况：

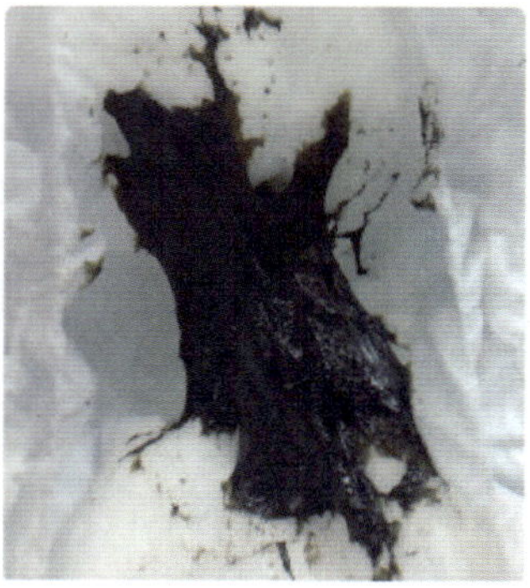

一、胎粪

从出生的第一天开始，宝宝会连续数日排出柏油样、黏稠的黑色或墨绿色大便，这是宝宝出生前就积攒在肠道内的粪便，通常称为“胎粪”。将胎粪排出后，宝宝会排颜色为黄绿色的过渡便。大多数宝宝会在出生后24小时内排出胎粪，如果在24小时内未能排出，需要及时咨询医生或护士，以排除宝宝是否存在肠道疾病。

二、母乳喂养的宝宝的大便

纯母乳喂养的宝宝，大便为黄色或略带绿色的软便，呈较稀的糊状，气味不臭，略带酸味。每天大便3～4次。不过，母乳喂养的宝宝大便次数差异极大，每天多达7～8次或1周1次都有可能。只要宝宝的大便性状、颜色正常，精神状态及食欲良好，体重照常增长，就不必担心。

三、配方奶喂养的宝宝的大便

配方奶喂养的宝宝，大便质地比母乳喂养的宝宝的大便黏稠，但不会像花生酱那样黏稠，呈褐色或淡黄色，气味臭，刺鼻。大便次数比母乳喂养的宝宝少，但至少一天一次，如果达不到这个次数，且大便干硬、排便吃力，则可能发生便秘。

四、绿色大便

母乳喂养的宝宝，如果进食过多或过快，肠道蠕动会加快，胆汁里的胆绿素来不及在肠道内被还原成粪胆原，就会随着大便排出体外，从而使大便呈现绿色。可以让宝宝慢点吃奶，从而让宝宝能够充分消化母乳，可减轻绿便的情况。此外，妈妈摄入的含铁食物较多时，也会使宝宝的大便呈绿色。如果是这种情况，妈妈需要调整饮食。

配方奶喂养的宝宝，由于配方奶都是铁强化的，宝宝摄入的铁相对要多一些，如果没有被完全吸收，也会形成绿色大便。此外，配方奶喂养过多也是造成绿色大便的原因之一。因此，需控制好奶量，不要过度喂养。

五、稀便或水样便

如果宝宝的大便次数突然增加，且为稀便或水样便，则可能发生了腹泻。发生腹泻的原因有很多种，可能是宝宝肠道被感染导致的，也可能与妈妈的饮食有关。宝宝腹泻时要预防宝宝脱水，特别是3个月以内的宝宝，如果出现腹泻，需立刻就医。

六、奶瓣

奶进入宝宝的胃中，若得不到完全消化，就会形成奶瓣。奶瓣就是没有完全消化的蛋白质。奶瓣在肠道中没有被完全吸收，随大便排出体外，就形成了大便中的奶瓣。一般配方奶喂养的宝宝大便中出现的奶瓣比母乳喂养的宝宝多，因为配方奶中蛋白质尤其是酪蛋白多，肠道不能完全消化吸收。另外，宝宝肠道消化功能不完善，奶摄入量多，也可能形成奶瓣。只要宝宝生长发育、饮食、精神状态良好，出现奶瓣属于正常，可以继续观察。

7～12个月婴儿排便习惯的养成

要不要给婴儿把屎把尿

这时，宝宝的尿道括约肌、肛门括约肌还没有发育成熟，不能完全控制大小便。给宝宝把屎把尿，人为控制宝宝排便，实际上会给宝宝带来很多危害：

1.容易形成反射性排便。即宝宝不能自主根据便意排便，而只知道在被“把”的时候才应该排便。

2.容易尿频。自主排尿的过程是膀胱中的尿液积存满了之后，膀胱会向大脑发出排尿信号，再由大脑发出排尿指令完成排尿。经常给宝宝把尿，会使得宝宝的膀胱括约肌得不到充分锻炼，从而很难憋住尿，导致尿频。

3.容易出现脱肛、肛裂。频繁把尿，会影响宝宝的髋关节、脊椎以及括约肌的发育，容易造成宝宝脱肛、肛裂等情况的发生。

要不要给宝宝穿开裆裤

很多家长喜欢给孩子穿开裆裤，认为这样把尿方便，而且当宝宝想排便时不会因为来不及脱裤子而弄脏衣物。虽然穿开裆裤看起来确实方便，减轻了大人的负担，然而有很多弊端：

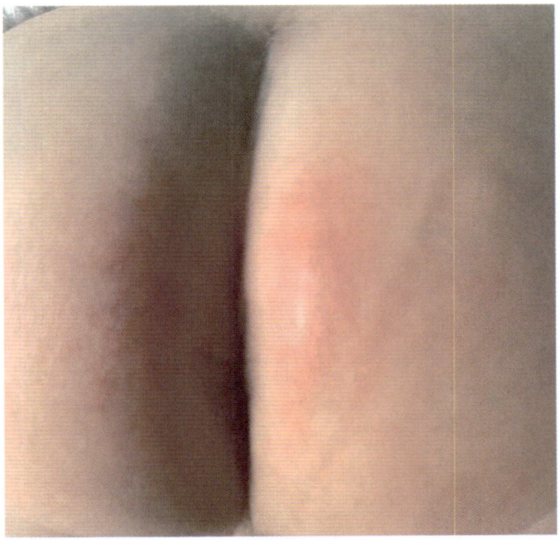

1.容易引发感染。给宝宝穿开裆裤，让宝宝的外生殖器暴露在外面，尤其是女宝宝，阴道和尿道口都在外阴，且尿道短，很容易被一些细菌、微生物等感染。

2.可能会导致腹泻。穿开裆裤的宝宝，可能会用手触摸外生殖器，生殖器上残留的尿液或粪便会通过手传入口中，从而导致腹泻等。

3.引发性心理发展问题。穿开裆裤的宝宝出于好奇，可能会更多地玩弄自己的外生殖器，长此以往，可能对以后的性心理发展造成不良的后果。此外，家长应教育宝宝不要在外人面前暴露自己的身体隐私部位，以加强宝宝的性别意识和自我保护意识。

12～18个月幼儿排便习惯的养成

美国儿科学会建议，至少要等幼儿1岁半（18个月）后才可以开始训练宝宝上厕所。有研究表明，在18个月之前就学习上厕所的孩子通常要到4岁半之后才能完全掌握相关技能。相反，那些2岁左右才开始如厕训练的孩子只需要1年时间就可以独立上厕所了。

不过，由于个体差异，如厕训练的时间并非绝对，可通过宝宝的举动来判断训练的时间：

1.可以通过语言或行为表达自己排便的意愿，比如宝宝有便意时，会跟爸爸妈妈说“尿尿”，或者在玩的时候突然停止活动。

2.能听懂大人简单的指令，可以执行简单的命令，比如“把球给妈妈拿过来”。

3.大腿力量足够，协调性与平衡性增强，能够独立蹲下、站立。

4.排便的时间间隔增长，可以3小时甚至更长时间内不尿或不拉。

5.开始不喜欢穿纸尿裤，当尿到裤子或纸尿裤时，会感觉不舒服。

6.对大人上厕所很感兴趣并会模仿。

7.开始研究自己的身体器官。

8.可以自己脱掉裤子并穿上。

如果宝宝出现以上的一些行为时，就可以开始准备对宝宝进行如厕训练了。

18～24个月幼儿排便习惯的养成

18～24个月，幼儿的括约肌发育逐渐成熟，幼儿可以有意识地控制自己的大小便。可以尝试白天停止给幼儿使用纸尿裤，并对其进行如厕训练。

如厕训练的前期准备

1.为宝宝准备一个专用的坐便器，放在卫生间的马桶旁边。当幼儿想要排便时，带他到坐便器前，告诉他坐便器的用途以及使用的方法，并让他逐渐熟悉排便的过程。

2.注意仔细观察宝宝。宝宝脸红、皱眉头、瞪眼睛、停止玩耍时，一般都表示他想要尿尿或大便，这时可以通过语言将他的这种感觉与上厕所联系起来，比如：“宝宝是不是想尿尿了？”“宝宝是不是想便便了？”“宝宝是不是想上厕所了？”引导宝宝表达。

3.尽量给宝宝选择容易穿脱的裤子，尽量不选背带裤，以防宝宝来不及脱裤子就尿了或拉了。

如厕训练的方法

1.由于宝宝的小便相对来说更不好控制，可以在夜间继续给宝宝使用纸尿裤，白天时可以停用纸尿裤，锻炼宝宝控制尿/便的能力。

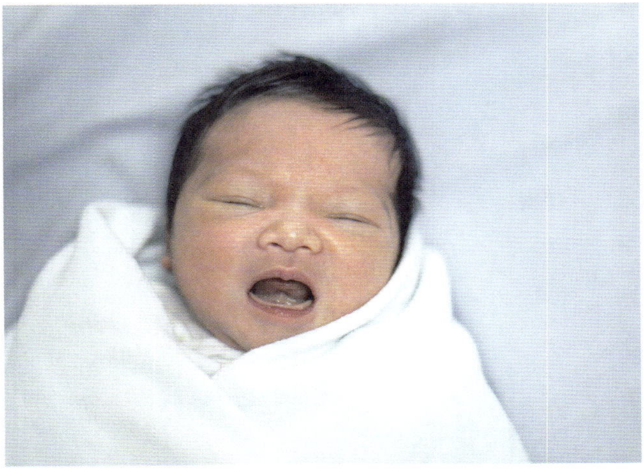

2.一旦宝宝有了便意，就要及时引导宝宝坐到坐便器上进行排便。如果宝宝还没来得及坐到坐便器，就尿了或拉了，家长不要指责宝宝，而要给他一点适应的时间。要告诉宝宝有了便意就要去厕所。

3.宝宝能学会上厕所，除了爸爸妈妈的引导之外，他自己的模仿也是非常重要的。在训练过程中，由爸爸训练男宝宝，妈妈训练女宝宝，这样更有利于宝宝模仿，更容易让宝宝尽快学会如厕。并且，在训练时，爸爸妈妈要帮助宝宝了解自己的身体器官，让宝宝逐渐清楚排便是怎么一回事。男宝宝一开始会蹲着尿尿，然后逐渐会站着尿尿，尤其是看到爸爸或其他的男孩这样做之后。不过，刚开始宝宝可能会尿到外面，可以在坐便器中放一个可以漂浮的球，让宝宝瞄准，以此来训练宝宝不尿到外面的技巧。

4.由于宝宝对大便和小便的控制程度不同，所以通常先训练宝宝排大便，一般的顺序是先训练宝宝对夜间大便的控制，逐步过渡到白天对大便的控制；然后再由训练宝宝白天对小便的控制，过渡到夜间对小便的控

制。很快宝宝就会区分大便和小便了。

5.观察宝宝的排便规律。每天在宝宝有可能排便的时间，无论宝宝是否排便，都让宝宝坐在便盆上，时间不用太长，3～5分钟即可，可以增强宝宝对肌肉的控制能力，让宝宝逐渐形成定时排便的习惯。如果宝宝排便了，要及时给予鼓励。

2～3岁幼儿排便习惯的养成

停止使用纸尿裤的最佳时期

到了3岁，幼儿的括约肌已经发育成熟，可以自己控制大小便，大多已养成了排便习惯，这个阶段是停止使用纸尿裤的最佳时期。不过，这个过程并不是一步到位的，可以从只是白天不用过渡到晚上也不用。不过，有部分宝宝的膀胱比较小，到了3岁可能也做不到一整夜不尿尿，这样的幼儿可以继续使用纸尿裤。

夜晚停止使用纸尿裤，虽然可以省很多事情，但是宝宝若不能很好地锻炼自己控制大小便的能力，不能尽快养成按时大小便的习惯，再大一些后就会习惯性尿床，尤其是午睡或夜间睡觉时。因此，如果宝宝无论是在白天还是晚上，都会向爸爸妈妈表达自己的生理需求、可以稳当地坐在小马桶上、可以自如地脱掉裤子大小便等，都说明宝宝可以“戒掉”纸尿裤了。

在逐渐停止使用纸尿裤的过程中，宝宝偶尔尿床是很正常的。环境的改变、睡前喝水较多、白天玩得太累、睡眠太深、没有感觉到便意等，都有可能导致宝宝尿床，家长不必太过担心，更不要斥责宝宝，否则会增加宝宝的心理负担。在逐步停止使用纸尿裤的过程中，可以在床单下面垫一个隔尿垫，以减轻清理的工作。如果宝宝尿床的问题一直得不到解决，应该咨询一下儿科医生。

如何培养婴幼儿的睡眠习惯

睡眠对婴幼儿的生长发育十分重要，直接影响婴幼儿的身高、体重以及智力发育。有良好的睡眠，宝宝精神愉悦、精力充沛、注意力集中。睡眠不好的宝宝，往往容易发生情绪、行为问题。要让宝宝有充足的睡眠，就要让宝宝养成良好的睡眠习惯。良好的睡眠习惯不仅能让宝宝更加健康地成长，还能让照料者更加轻松。

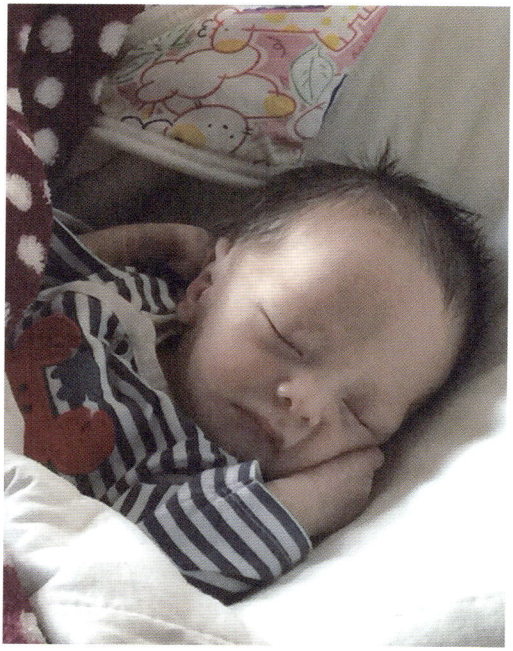

不过，不同发育阶段的宝宝睡眠时间和睡眠模式都不相同。睡眠模式不一样，宝宝的睡眠问题也不尽相同，这就需要照料者根据宝宝的生理特点、生长发育规律、所处的生活环境以及睡眠模式的变化有意识地培养，并适时做出调整，帮助宝宝养成良好的睡眠习惯。

0～3个月婴儿睡眠习惯的养成

新生儿除了吃奶以外，基本上处于睡眠状态，每天睡眠时间为17～20小时。由于个体差异，婴儿每天的睡眠时间并不是确定的，但最少不应少于14小时。0～3个月的婴儿每次吃奶量不大，吃一次奶，可能只能够睡3～4小时。因此，这个时期，宝宝不论白天还是黑夜，都会隔几小时醒一次，睡眠时间是碎片化的。这个阶段，宝宝的睡眠应顺其自然。

对于不到3个月的宝宝，可以开始培养宝宝良好的昼夜作息规律了。

增加宝宝白天的活动量

在宝宝白天清醒的时候，尽量多和宝宝玩耍，可以用红色的球或能发声的玩具从宝宝头的一侧移到另一侧，逗引宝宝多活动；可以多跟宝宝说说话，多给宝宝唱儿歌，训练宝宝的视觉、听觉等感知觉；也可以多让宝宝进行俯卧抬头训练，增强宝宝颈部肌肉的力量，这样不仅可增加宝宝白天的活动量，有利于宝宝的夜间睡眠，同时可促进宝宝大脑发育以及语言、动作的发展。

固定的睡前程序

每天在临睡前，可以采取一些固定的活动，如给宝宝洗澡、穿纸尿裤；将宝宝放在床上，放同一首轻松的音乐或给他讲同一个故事，帮助宝宝入睡。时间长了，宝宝逐渐就会知道做这些事情是要睡觉了。新生儿的睡前时间可控制在5～10分钟；出生6～8周后可以添加睡前程序，将时间延长到20分钟左右。

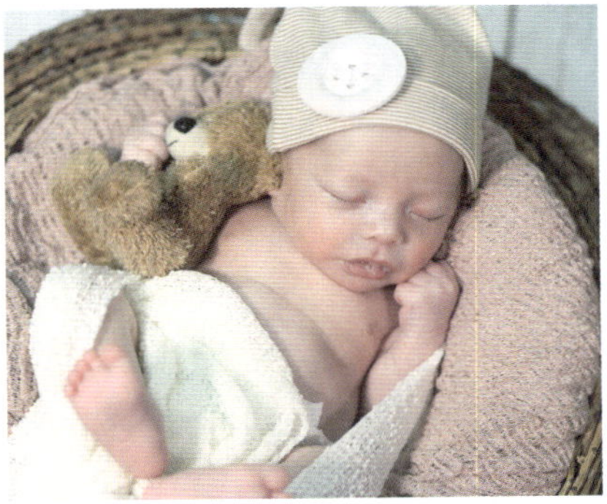

营造舒适的睡眠环境

一、合适的温度、湿度和光线

宝宝的睡眠环境要舒适，温度要适中，一般在20℃～25℃为宜，湿度在60%～70%之间最佳。不过，这些都不是一定的。可以用手摸宝宝脖子、后背的皮肤，如果是干爽温热的，温度就是合适的；如果有汗，说明温度太高。室内光线要有明显的昼夜区别，白天保持光线昏暗，不需要刻意保持安静，比如家人可以正常走动、做家务、说话等，但要避免电话铃、吸尘器等的声音；夜晚需关灯并保持安静，这样可让宝宝逐渐明白白天和夜晚的区别。

二、婴儿床的布置要合适

婴儿床内放置的物品不宜太多，床垫宜硬不宜软，并且要十分贴合床的尺寸。不要将柔软的枕头、被子、垫子、填充玩具等放在婴儿床内，以免宝宝将脸埋在这些物体里造成呼吸不畅甚至窒息。

三、安全的睡姿

这个阶段的宝宝，俯卧抬头以及翻身的能力很弱，俯卧容易堵住口鼻，引起呼吸不畅，增加“婴儿猝死综合征”的风险，而侧卧也有安全隐患，所以美国儿科学会建议健康的宝宝应尽量选择仰卧，这样最为安全。

在宝宝半睡未睡时将其放到床上

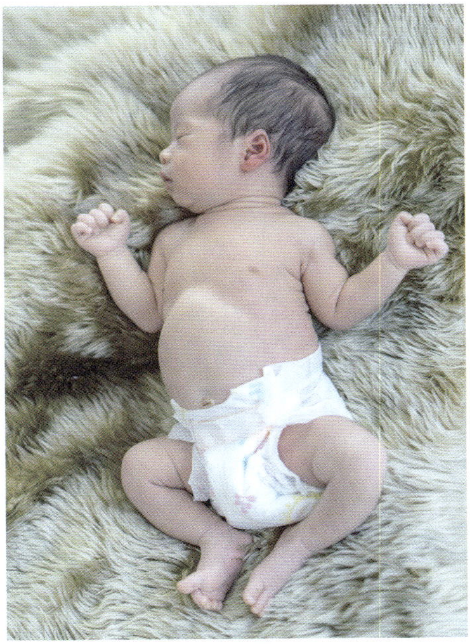

在哄睡的过程中，把握好将宝宝放到床上的时机是培养宝宝自主入睡的关键。无论是完全清醒时还是完全熟睡时把宝宝放到床上，都不能让宝宝认识到床是用来睡觉的，也不能培养宝宝自主入睡。所以，当宝宝昏昏欲睡但还清醒时，就将宝宝放到床上是最好的。

给宝宝裹襁褓

给3个月内的宝宝裹襁褓，可以给宝宝安全感。0～3个月的宝宝会出现惊跳反射，即当宝宝突然失去支持或受到大声刺激时常常会表现出一种惊恐状态，如双臂先是伸开，又迅速收回胸前，紧握拳头。惊跳反射在睡眠中也会出现。给宝宝裹襁褓可以避免惊跳反射，也可避免宝宝把自己弄醒、抓伤。宝宝的下半身不要裹得太紧，要给宝宝留一定的活动空间。

选择舒适且吸水性好的纸尿裤

在夜间入睡前，给宝宝换上舒适且吸水性好的纸尿裤，防止宝宝因漏尿而感到不适，从而影响睡眠。如夜间需要给宝宝更换纸尿裤，动作应轻柔，更换时间不宜太长。

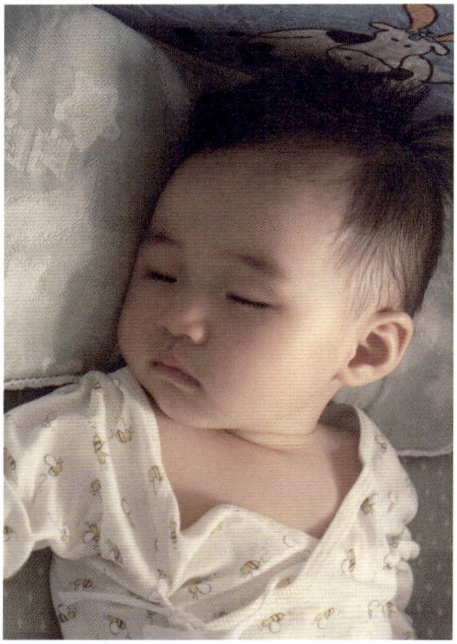

可不可以奶睡

3个月以内的宝宝，处于快速生长期，对营养的需求量大，因此需要保证宝宝母乳和（或）配方奶的摄入量。由于宝宝在这个阶段睡眠时间长，往往会出现吃着奶就睡着即奶睡的情况。如果宝宝还没有吃饱就睡着，不需要完全叫醒宝宝，可以让宝宝继续吃，以保证宝宝吃饱。

能不能开灯睡

开灯睡一方面会影响宝宝形成昼夜睡眠规律，另一方面灯光会影响生长激素以及褪黑素的分泌，从而影响宝宝的生长发育和免疫机制。此外，开灯睡还会对宝宝的视力造成影响，可能使宝宝发展成近视眼。如果宝宝怕黑，可以在睡前用光线比较暗的夜灯，当宝宝睡着以后再将灯关上。

可不可以摇晃哄睡

1岁以前的宝宝，颅骨发育快于脑组织发育，颅骨里面空腔比较大。经常大力地摇晃宝宝，宝宝脆弱的脑组织会受损、肿胀，甚至会使血管破裂出血，导致颅内出血，这种情况称为“摇晃婴儿综合征”。所以，不要用摇晃哄睡宝宝，可以轻拍宝宝的胳膊或握着宝宝的小手，给宝宝安全感，帮宝宝快速入睡。

宝宝一放下就醒怎么办

放下宝宝时动作幅度不要太大，可以先让宝宝的屁股着床，再轻轻放下宝宝的上半身至头部着床。如果宝宝已经睡熟，则需要在放下宝宝后轻轻唤醒宝宝，让宝宝感知自己被放到了床上，然后让其重新入睡，这样利于宝宝学习自主入睡。

如果要通过喂奶哄睡宝宝，在喂完奶后先要给宝宝拍嗝，以免宝宝睡着时发生溢奶、吐奶或胃食管反流。

宝宝在妈妈怀里睡着，再被放到床上，温度的变化、床的硬度等都会让宝宝醒过来。妈妈可以在放下宝宝后，通过拉宝宝的小手、轻抚宝宝后背或搂住宝宝的胳膊来安抚宝宝，让宝宝获得安全感，待其熟睡以后再离开。

4～6个月婴儿睡眠习惯的养成

婴儿一天天长大，睡眠时间逐渐减少，每天有14～15小时的睡眠时间（如果有婴儿睡10～18小时也属正常），而且已开始建立自己的睡眠习惯，白天睡觉的时间逐渐缩短，一般会小睡2～3次，更多的睡眠时间将集中到晚上。此月龄段的婴儿，夜间一般可喂奶2次，开始有昼夜规律了。3个月后，在继续培养婴儿自主入睡的同时，还要培养宝宝醒来后自我安抚入睡的能力，以使其形成良好的睡眠规律。

4～6个月的婴儿，开始对周围的事物产生兴趣，容易兴奋，并且由于神经系统发育不完全，容易疲劳，从而会有烦躁、哭闹、难以入睡的表现。家长若采取喂奶、摇动或晃动婴儿等方法哄睡，都可能对婴儿的自然入睡产生干扰，因此要学会观察婴儿的睡眠信号，以帮助他顺利入睡。

动作信号

4～6个月的婴儿，手的动作更加灵活，会玩自己的手，抓取物品，

而且学会了翻身、练习靠坐和独坐等大动作。如果宝宝出现揉眼睛、打哈欠、吃手等情况，或大动作变得迟钝，以及正在吃奶的宝宝越吃越慢，都表明宝宝可能有了睡意。而如果宝宝不停地挥动手脚、揪耳朵等，则可能是宝宝过于疲劳而表现出的兴奋，这种情况下宝宝难以入睡。

情绪信号

宝宝在睡前的情绪会发生变化。如果宝宝变得十分黏人并伴有小声的哭泣，则有可能是困了。而如果宝宝烦躁、易怒、大声哭闹，则可能是因为疲劳所致。

注意力信号

宝宝对正在玩的玩具或游戏等失去兴趣，眼神迷离，盯着某一处一动不动，表现得比较安静，很可能是他困了。

正确判断宝宝的睡眠信号，抓住他入睡的时机，可以让他顺利入睡。

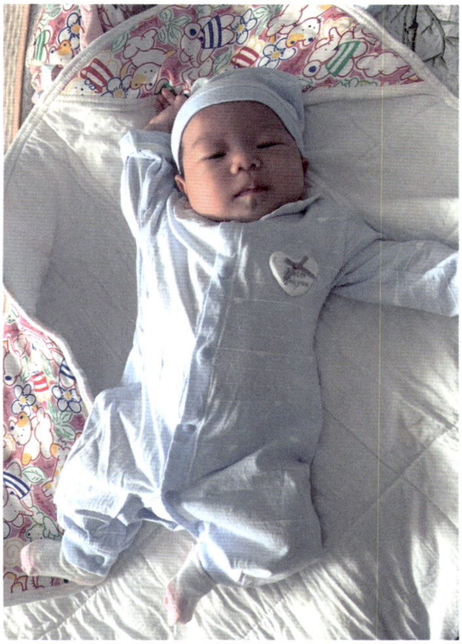

当宝宝出现睡眠信号的时候，不要再引逗他，否则只会让宝宝更加兴奋，甚至会让宝宝烦躁不安，哭闹起来。另外，宝宝想睡觉的时候，可能会同时出现好几个睡眠信号，时间也会有一定的波动。为宝宝做睡眠记录，可以很好地帮助家长了解宝宝的睡眠规律，调整宝宝的睡眠习惯。记录的内容可以包含以下几个方面：

1.宝宝发出的睡眠信号。

2.宝宝哄睡、入睡以及醒来的时间。

3.宝宝入睡的方式以及难度。可以据此调整哄睡方式。

4.在哄睡过程中可能出现的状况，如电话铃、重重的关门声、东西掉在地上的声音等，这些都可能会影响宝宝入睡。

5.宝宝每次睡眠的时间。

6.喂宝宝的时间。4～6月的宝宝可以逐渐定时喂养。记录宝宝的喂养时间，可以帮助宝宝养成夜间连续睡眠的能力。

奶睡好不好

3个月起不建议通过喂奶来哄睡宝宝，以免影响宝宝自主入睡能力的养成。无论是白天还是晚上，母乳和（或）配方奶喂养要逐渐向定时喂养过渡，要在宝宝快睡着但还比较清醒的时候喂养。对于配方奶喂养的宝宝，奶睡容易让奶液残留在宝宝的口腔中，从而让牙齿浸在奶液中，容易滋生细菌，造成龋齿，因此也不能奶睡。

7～12个月婴儿睡眠习惯的养成

7～12个月的婴儿，已经开始添加辅食了，如果仍然频繁吃夜奶，会影响自主入睡习惯的养成以及夜间的连续睡眠，因此可以慢慢戒掉夜奶了。从9个月开始，可以停止夜间哺乳。此月龄段的宝宝每天睡眠的时间为14～15小时，白天小睡2～3次，夜间连续睡眠可达到6～8小时。

大运动发展与宝宝的睡眠

6个月之前，宝宝已经学会了抬头、翻身、靠坐这些大动作。7～12个月的宝宝，慢慢可以独坐、扶着栏杆等站立起来。宝宝如果在入睡前和睡眠中不停变换睡姿，可能是在练习大动作。这个阶段，宝宝有时候会坐着睡或在夜里翻身坐起来，有时候会趴着睡。对于大动作发展时期的宝宝，可以在白天多让宝宝练习独坐、爬行、站立等大动作，增加宝宝的活动量。同时，家长不要过多地干预宝宝的睡眠姿势，如果宝宝已经能很好地坐立，坐着入睡也很正常，等宝宝睡踏实之后，再帮助宝宝躺好。

睡前仪式

7～12个月的宝宝，睡前仪式的时间和内容都可以有所增加，不过总体遵守的原则应该与此前已形成的仪式保持一致。

一、家人配合做好睡前准备

在睡前，调整好室内的温度和湿度，调暗室内的灯光，保持室内安静，为宝宝营造良好的睡眠环境。

二、控制睡前仪式的时间

睡前仪式的时间不宜太长，以免宝宝认为这是游戏，开始时时间可以控制在20分钟左右，随着宝宝月龄的增长，可以增加至30～45分钟。

三、安排好睡前仪式的顺序

可以先给宝宝洗澡，再给宝宝轻柔地按摩全身，然后给宝宝穿上质地绵柔且宽松的衣服，将宝宝抱在怀里，用温和的声音给宝宝讲一个故事或唱一首轻柔的歌曲，待宝宝出现睡意后，将他轻轻放在床上。睡前仪式的顺序一旦固定下来，轻易不要改变。

四、睡前仪式的内容要一致

宝宝建立良好的作息规律需要一个较长的过程。睡前仪式的内容的变化，会影响宝宝的入睡时间。因此，睡前仪式的内容，比如给宝宝讲的故事、唱的歌曲等都不要轻易改变，要让宝宝熟悉每一项内容，这才有利于宝宝顺利入睡。

如何给宝宝戒夜奶

一、合理添加辅食

给宝宝添加辅食后，白天要让宝宝充分进食，以获得足够的能量。可以在晚上的辅食中添加一些扛饿的食物，如婴儿米粉、肉禽鱼蛋等富含蛋白质的食物，但不宜太多，以免宝宝因为吃得过多，引起肠胃不适。

二、睡前喝饱奶

如果宝宝睡前没有吃饱，夜里就会饿醒。在睡前最后一次喂奶时，一定让宝宝吃饱。如果宝宝已经睡着了，或者吃着吃着睡着了，但还在吸吮，可以试着将宝宝唤醒，让宝宝多吃点奶再继续睡。

三、合理利用安抚奶嘴

宝宝夜间哭闹不一定是饿了，有可能是“习惯性吸吮”惹的祸。此时可以给宝宝准备一个安抚奶嘴，不仅可以安抚宝宝的情绪，还能降低宝宝“婴儿猝死综合征”的风险。如果宝宝睡着后安抚奶嘴掉落了，就可以不用再放回宝宝嘴里了。

四、拉长喂奶间隔并减少喂奶时间

如果宝宝频繁吃夜奶，在宝宝醒来后，先不要着急喂奶，可以尝试通过抚摸宝宝的背部、胳膊等对宝宝进行安抚，并将两次喂奶之间的时间间隔逐渐拉长，同时减少每次喂奶的时间，直至成功断夜奶。

五、由爸爸负责安抚

有的宝宝会因为闻到妈妈身上的奶香味而想吃奶，因此夜间可以由爸爸负责安抚宝宝。

六、增加妈妈白天陪伴的时间

有的宝宝的夜奶反应是出于对妈妈的依恋，妈妈可以在白天的时候多多陪伴宝宝，比如多和宝宝说话，拥抱、触摸宝宝，和宝宝一起玩游戏等，对宝宝进行安抚，可减少夜间宝宝对安抚的需求。

1～3岁幼儿睡眠习惯的养成

1～3岁的幼儿每天需要的睡眠时间为11～14小时，1～2岁期间，可在上午和下午各安排1次小睡，下午小睡时间不应与晚上入睡时间太接近；2～3岁期间白天只需要小睡1次即可，睡眠时间以1.5～2小时为宜。

白天小睡习惯的调整——并觉

随着宝宝白天睡眠时间的缩短，宝宝对小觉的需求减少，原来一天要睡两次小觉，慢慢地一天只需睡一觉，宝宝进入了新的睡眠模式——并觉。

宝宝出现并觉与其睡眠时间、白天的活动状况密切相关。很多家长认为，不要干预宝宝的睡眠，他想睡就睡，不想睡就不睡。也有家长总害怕宝宝睡不够，强迫宝宝上午和下午都要大睡一觉。实际上，如果在宝宝需要并觉的时候进行干预，会影响宝宝的日常活动、进食以及作息。比如，宝宝上午精力非常旺盛，到了中午的时候就想睡觉，从而影响进食。同时，2.5～3岁的宝宝要准备上幼儿园了，作息时间要逐步与幼儿园保持一致。幼儿园一般都有午睡，如果不能及时调整宝宝白天的小睡，进行并觉，会影响宝宝入园后的作息规律。

如何合理并觉

作息不同的宝宝并觉的方式不同。

如果宝宝起床较早，可以让他睡两次。宝宝上午比较容易犯困，可以在接近中午的时候先睡一觉，睡醒后再吃午饭。下午宝宝如果犯困，可以让宝宝再睡一次，时间保持在30分钟左右为宜。慢慢地，上午小觉时间可以由一开始的11：00调整至11：30，然后调整至12：00，下午就不会再困了，逐渐可以合并为一觉。

如果宝宝起床比较晚，相对于起床较早的宝宝比较容易并觉，上午的精力比较旺盛，可以让宝宝吃完午饭后睡一觉，这样宝宝就可以很轻松地并觉了。如果晚起的宝宝还存在晚睡的问题，可以早晨早点将宝宝叫醒，带宝宝活动、玩耍，到中午吃完饭，让宝宝睡一觉，而不是到了傍晚才让宝宝睡。这样，宝宝就可以在晚上早点入睡，第二天早点起床。

第四篇

婴幼儿启蒙教育

儿童启蒙教育概述

儿童启蒙教育是什么？了解了儿童的发展规律是不是就可以做好启蒙教育了呢？事实上，很多时候即使家长已经非常认同科学的教育观，并且学习过很多教育知识，当回归到日常生活中的时候，依旧不知道具体用什么方式、用什么玩教具来与儿童进行有效互动。

为什么会有这种现象发生呢？因为儿童的教育，既需要严谨、科学，更需要生活化。而能够让儿童愿意接受的方式，恰恰需要非常生活化。

生活是规律的，更是复杂的，因此仅仅从科学的角度了解了儿童，并不代表就能够在生活中自如地掌握有效的教育方法。

在接下来的篇幅中，我们将具体论述玩具启蒙、绘画启蒙、音乐启蒙和阅读启蒙四种常见的启蒙方式。

玩具启蒙：让玩具陪孩子长大

鲁迅先生有句名言："游戏是儿童最正当的行为，玩具是儿童的天使。"玩是孩子的天性。玩玩具在孩子的成长过程中起着至关重要的作用。玩玩具能促进孩子的语言、动作技能和思维的发展，可以培养孩子的专注力、观察力、想象力和思维能力，可以开阔孩子的视野，激发孩子的发散性思维与创造性思维。玩玩具不仅有利于孩子的智力发展，同时对于孩子的心理发展也有积极作用。

孩子还没出生时，很多家长就在为孩子准备玩具了。玩具在早期教育中的重要性不言而喻。但很多人认为，玩具只是用来玩的，或玩具必须从玩具店买。实际上，对于0~3岁的孩子而言，玩具的作用比我们想象的要大，玩具对孩子的意义也不是只可以玩而已。孩子对玩具的需求是随年龄变化而变化的。我们可以将玩具启蒙基本分为四个时期。

视听刺激期

半岁前，孩子还不能自由活动，每天躺在床上的时间很多。这就如一个人大病一场，住院半年，他会找些什么东西打发时间呢？自然是一些能发出美妙声音、能让自己去碰触或能抱着安睡之类的东西。所以这个时期的孩子，最需要安抚玩具，或者说最需要一个具有声音和视觉刺激的有趣的环境。

品尝期

半岁到1岁左右，孩子能坐会爬了，探索的兴致大大增加。他会在醒着的大部分时间里探索各种物品，尤其喜欢放进口里感受——这是软的还是硬的，是好吃的还是不能吃的。各种玩意儿，他都想尝试，甚至会把自己的手和大人的手都当作“玩具”。这个时期的玩具，更多是用来满足孩子的“口部欲望”。

探索期

1～2岁，孩子的活动范围因为他能走了而扩大了很多，他开始对能发展肢体动作、探索空间以及能与妈妈（主要看护者）互动的玩具十分感兴趣。这个时期，玩具既是开发孩子多元智能的工具，也是连接亲子情感的纽带。玩玩具还是为孩子日后的语言能力发展和社会化发展做“预习”。当然，在这个阶段家长是孩子最重要的“玩具”！

规则期

2～3岁，孩子在语言、智力、想象力方面有了显著发展，所以可以帮助其进行角色扮演游戏的玩具开始成为主角。孩子会利用这类游戏体验不同角色，执行不同任务，学习社会规则，还能获得巨大乐趣。此外，孩子也渴望像家长那样操纵各种物体或工具，因此会经常模仿、试练，为日后习得所需的生存技能进行“预

演”。这个年龄段的孩子更渴望在玩玩具的时候获得自我价值感，他会玩一些稍微有难度的玩具来挑战自己。孩子愿意动脑筋解决问题，家长尽量多看、少打搅。

其实，玩具的用途并不是只有玩，也不一定非得到外面去买。

既然玩具如此重要，那玩具的选择就要非常谨慎。市面上的玩具琳琅满目，如何为孩子选玩具呢？符合0～3岁孩子需求的玩具应该具备这些特点：安全、无毒、有趣、色彩明亮、有助于孩子身心发展。

在下文，我们将详细探讨在不同的玩具启蒙期，应该为孩子选择什么样的玩具。

0～6个月视听刺激期的玩具选择

安抚类玩具

新生儿刚来到一个与母体内完全不同的环境，其视觉能力很弱，目之所及是昏暗又模糊的世界。新生儿最需要安抚类玩具。

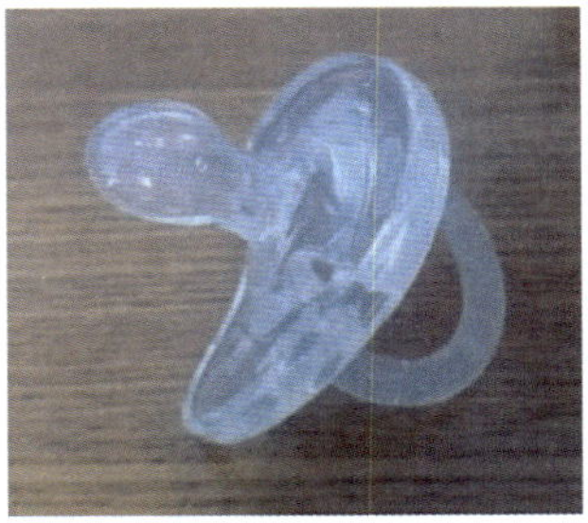

1.安抚奶嘴。最好在新生儿学会吸吮母乳后使用。可以买带有固定链和夹子的，方便固定在新生儿的衣服上。可以多买几个，轮流使用。

2.布偶。最好能播放和缓的音乐，可帮助宝宝入眠。

3.舒适摇椅。摇椅可产生有规律的摇动，能模拟宝宝在子宫里时的感受，可给他安全感。

视觉刺激玩具

婴儿满月后，因为视觉集中的时候越来越多，开始对外部世界产生兴趣。这时，家长要为婴儿提供能带来视觉刺激的玩具。

1.15厘米×20厘米大小的黑白视觉激发卡。在婴儿精神好时，将卡片

放在床栏右侧离宝宝眼睛约20厘米的地方，让他仰卧注视。为避免婴儿歪脖子，卡片要经常调换位置，有时放床栏左边，有时放右边。由于婴儿出生后最先看到的是妈妈的乳房，所以对靶心图像比较敏感，早期可挑选类似靶心的黑白图卡，或黑白相间的竖线、大方块等简单的几何图形；之后慢慢换成复杂的和有曲线的图案，例如棋盘形黑白格子、心形、波浪线等。

2.彩色挂图。以画面单一、重点突出的一图一物为佳。在婴儿精神好时，竖抱婴儿看墙上的挂图，同时给婴儿描述颜色、形状。

3.活动的小挂件。例如床挂、床铃（悬铃）。这类物件最好在宝宝清醒之时挂在距离其眼睛25～30厘米处，但不要悬挂在正上方，应挂在最右方（为主）或最左方。任何挂件每天只能挂半小时到一小时，然后取下，以此判断婴儿喜欢什么、不喜欢什么，并换掉婴儿不在意的物件。挂件的图案、用色与视觉挂图要求一样，并且图案应朝向宝宝而不是大人。需要特别注意的是，任何物件都不能长期吊挂于床前某一处，否则容易导致宝宝形成内斜视。

如果家长嫌拆挂小物件太麻烦，可以选择带有这些小物件的地板健身架。在宝宝醒后，把他抱出来放在健身架下。

4.两面高质量防碎镜子。较小的镜子（圆形或方形）对角线长度以15厘米左右为宜，固定在婴儿床一侧，面向婴儿倾斜约10度，使婴儿能看到自己。较大的镜子以20厘米×30厘米大小为宜，垂直固定在婴儿床的床头，这样当婴儿在距离镜子13～15厘米的地方俯卧时，把头抬起30度，就可看见自己的上身。

听觉刺激的玩具

除了视觉方面的刺激，婴儿还需要听觉方面的刺激。而且，这类玩具最好既能刺激本体觉又能发展手眼协调能力。我们可以准备下面这些玩具：

1.带铃铛的气球。在宝宝醒着时，用绳子把球挂在床上方距离宝宝膝盖15厘米左右的位置，以利于宝宝仰卧时可蹬、踢到球。

2.彩色手腕摇铃。准备两个手腕摇铃，把摇铃分别系在两条宽的松紧带上，然后用魔术贴将两条松紧带分别固定在宝宝左右手的手腕处。宝宝摇晃手时，铃铛会响，以此刺激宝宝做更多挥手臂的动作。

可缓解出牙不适的玩具

3～4个月左右，宝宝要出牙了，家长需要为宝宝准备可缓解出牙不适的玩具，比如，咀嚼环和牙胶。注意牙胶入口部分长度不能超过3厘米。硅胶材质的能承受高温，橡胶和乳胶材质的不能高温消毒，可根据需要选择。使用前可冰镇，舒缓效果更好，但应放在冰箱冷藏室冰镇。另外，要注意的是，过硬的牙胶会伤害宝宝，咬破的牙胶则不能再使用。

7～12个月品尝期的玩具选择

认知类玩具

这个时期，婴儿喜欢把各种东西放进口里“探索”，所有让婴儿手持的认知类玩具必须考虑其安全性。

1.口感不同的食物。熟蛋黄、果酱、蛋糕、煮熟的面条、稠粥、米饭、软的水果（如香蕉等）和蔬菜（如蒸熟的番茄等）以及又硬又脆的饼干等都是不错的选择。

2.质感不同的物品。如棉质的口水巾、毛绒小动物、塑料小瓶子、不锈钢碗、纸杯、木质手镯、海绵块、丝瓜瓤、陶瓷小勺等。当宝宝拿着或放入口时，要告诉他不同物体的不同质感，如硬的、软的、粗糙的、光滑的、毛茸茸的等。

3.纹理不同的抓捏球。例如环形纹抓捏球、波浪纹抓捏球、点状纹抓捏球等。

4.EVA积木。宝宝的肢体协调能力还较弱，易摔倒，而软的EVA积木不会磕伤、碰伤孩子。婴儿有时会啃咬积木，建议每天用干净的湿抹布（不要太湿，拧干至不滴水即可）轻轻擦拭干净积木的表面，然后晾干。

5.洗澡玩具。常见的是塑胶或塑料材质的小鸭、小船等，能让婴儿体验物体在水中的浮力。可以买带有用力挤压可发声、喷水或制造泡泡的功能的洗澡玩具。用完后，要把它们倒扣排空内部积水，晾干，避免细菌繁殖。

6.发声玩具。可以是手摇铃（木质为佳），也可以是金属餐具，孩子可通过摇动、碰撞甚至放手让它们掉到地上等方式让它们发出不同的声音。

7.慢速转动的八音盒。这种玩具可促进孩子的视听统合能力。

运动类玩具

除了认知类玩具需要多样化，运动类的玩具也需要多样化。

1.弹跳椅。最好选择带有衬垫的塑料框架的椅子。用绳子和长约30厘米的承重弹簧将弹跳椅挂在固定位置，供会走路前（6～8个月左右）的宝宝练习跳跃，发展大腿肌肉。

2.直径约14～15厘米的可充气布球。选择柔软、可挤压的材质，方便宝宝抓捏。家长也可以把球放在宝宝面前，让其在地上慢速滚动，让宝宝练习追视，锻炼颈部肌肉。

3.不倒翁。可让婴儿练习追视、用手拨动动态物体。

4.可供宝宝探索因果关系的简单机械装置类玩具。包括拉动某部分能带动另一部分震动的拉动式玩具，使用不同的手指技巧（如拨动、点按等）可使按钮上方的动物弹出来的弹出式玩具。

5.自制牵拉玩具。准备多条彩绳，每条绑住一个玩具或玩偶，让宝宝分辨不同的绳各牵着什么玩具。家长示范一次拉绳取物，之后让宝宝拉不同的绳够取不同的物品。

6.可鼓励婴儿爬行并练习抓捏的小物品。如沙包、金属钥匙串、消毒棉球、小葫芦、大燕尾夹、鹅卵石、大纸团等。在离宝宝30厘米处的位置将这些物品垂直扔下，让婴儿追视，并鼓励他爬过来捡起。

7.指环。准备比手指粗的环状物，比如可以是活页圈或扎头发用的小发圈，让宝宝把环套在自己的手指或家长的手指上。

8.各种空纸盒。大人先打开盒子头尾两端的盒盖，示范用手掌拍扁纸盒，然后让宝宝模仿。

9.布书或硬纸板书。每页颜色尽量单一且区分度高，画面内容只表现一个物体，不需要有故事情节，也不要出现符号文字，更不要有抽象概念。这类书主要是吸引孩子拿起并练习翻动书页。

1～2岁探索期的玩具选择

认知玩具

这个阶段，幼儿的探索是多领域的，我们先来看看认知方面的玩具。

1.可供认识颜色、形状、大小的各种嵌板和相应的物体。嵌板应选择有圆钮的，方便孩子练习三指捏；颜色方面，本阶段只需有标准的红、黄、蓝、绿四种颜色即可；形状只需有圆形、正方形、三角形三种即可；大小上最好提供差别明显的同类事物，例如常见的鸡蛋与鹌鹑蛋、大蛋糕与小蛋糕，或套圈、套盒、套杯等。

2.发声读物。可以是有声书或发声挂图，当孩子按下图画旁的指示按钮，就能发出与画面内容相关的有趣的声音，例如不同动物的叫声。买书前最好试听声音，避免部分劣质产品因声音较尖锐、音量太大导致宝宝听力受损。

3.自制声音筒。准备小号的塑料瓶或扭蛋壳，装入米粒、豆子或玻璃珠等，让它们变成可以发出不同声音的小音筒。家长先示范怎么摇动可发

出声音，然后让宝宝自己玩。

大动作玩具

宝宝会走了，探索范围进一步扩大。在外，可带孩子去公共游乐场所找大型玩具玩，如滑梯、旋转木马、跷跷板、秋千、攀爬架等游乐设施；在家，可提供小型的大动作玩具。

1.钻爬隧道。一般为涤纶材质，除了直行隧道，还有带转角的隧道。家长可在隧道内放置“宝藏”（如小玩偶），激励孩子爬行。爬行能锻炼前庭觉、本体觉。除了平地爬行，还可利用家里高低不同的凳子、椅子、沙发等组合成攀爬装置让孩子练爬。当然，家长需在一旁加以看护。

2.直径不超过60厘米的充气沙滩球。让孩子通过推、抱、举、踢等动作，把球从一个房间运到另一个房间。

3.大小不同的空纸箱。可让孩子练习在狭小空间内转身、藏匿。

4.泡泡机。家长用泡泡机造出大量泡泡，让孩子用手指点破追到的

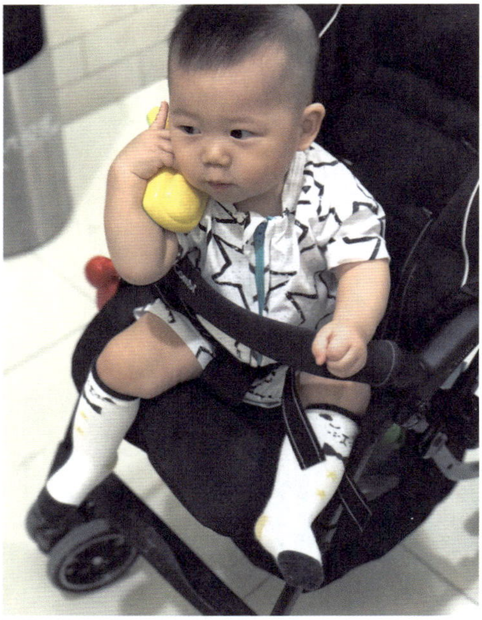

泡泡；还可以让孩子练习按压按钮造出泡泡。

锻炼精细动作的玩具

这个月龄阶段的宝宝对手指的操控比1岁前灵活了。家长可准备一些能锻炼精细动作的玩具。

1.玩具电话或计算器。最好有发声功能，可以让孩子练习双手点按。玩具电话不建议选拨号盘款式，因为用手指操作拨号盘需同时带动肩关节运动，孩子还做不好。

2.拨浪鼓。家长在宝宝面前做慢速示范，握住鼓柄，左右转动手腕，带动拨浪鼓两侧的弹丸甩击鼓面，然后让宝宝模仿。

3.捞鱼用的网勺。把轻的泡沫块或空心果壳等放到水盆里做“小鱼”，让宝宝拿网勺捞起来。也可以在水盆里放一些可沉入水底的东西，让宝宝用网勺去捞。

4.兼有出口与入口的容器。如零钱罐，既有投币的入口，也有倒出硬币的出口。找一个纸盒，在上面挖个洞，也能变成有同等功能的玩具。

5.小颗粒物品与多种带盖的塑料容器。例如可以找一瓶钙片，先让宝宝把钙片倒出来，再一粒粒捡入瓶中。孩子1岁半后，可给孩子一些盖子大小不同的小瓶子，让孩子把所有盖子一一拧开，然后让他给瓶身找回配对的瓶盖。家长也可为宝宝提供一些能直接掀开盖子的瓶瓶罐罐。

6.不锈钢餐具。先给孩子碗、碟一类简单的圆形餐具，然后再逐渐加入大小不同的锅和圆勺等。家长可以提供一定量的水、豆子、沙子等给孩子模拟食物材料，让孩子玩。家长要在一旁看护好，以免孩子把小颗粒物品吞入口中或吸入鼻腔。

可调动全身大动作的玩具

还有一些可协调全身动作的玩具，可帮助宝宝发展大动作能力。

1.小车、火车、飞机等交通工具模型。要选择边缘光滑、样式简单、轮子顺滑，可让宝宝一手控制的款式。家长先为宝宝示范怎么玩，如用力按压、倒退、松开等，然后让孩子自己尝试；也可以让孩子双手同时控制两个模型向前移动。

2.原木积木。本阶段不需要选择有图案、颜色的积木。孩子1岁半前，家长可以帮孩子堆砌一些简单造型，让孩子练习把积木推倒，感悟上、下、高、低；家长也可以把积木堆成小山，让孩子把积木拨开，感悟前、后、左、右；家长还可以准备一个桶，让孩子把形状大小各异的积木扔进去，感悟远和近……这些分离事物的练习能让孩子初步感知“力与抛物线”之间的关系，并建立空间感。孩子1 岁半后，可以让孩子把积木首尾相接成长条状，做“小火车”，或垂直叠高做“电视塔”；或准备一些不同的瓶子、罐子、盒子，让孩子拿积木往里填充，感悟里和外、空和满等空间概念。

3.大的无盖塑料容器。容器的理想高度是与孩子腰身接近。容器里面放入一些孩子常玩的大小不同、形状各异的玩具、布偶及小物件，让孩子练习翻找、倒腾等动作技巧，这同时也能提升他的视觉辨识力。

2～3岁规则期的玩具选择

任务类玩具

这个阶段，幼儿能理解简单的指令，家长可以借助玩具让幼儿完成一些简单的任务。

1.穿孔玩具。包括带孔洞的珠子、通心粉、纸筒、吸管（剪成小段）和长条状的竹签、细绳等。家长先给孩子示范如何玩，然后让孩子自己尝试。

2.开锁玩具。包括推拉锁、贴扣锁、钩锁、链锁、弯钩锁、插销锁、钥匙锁等。家长先示范，然后让孩子自己玩。

3.拼图。一般选择木块与纸板这两种材质，从简单的2块拼图开始，逐级提升到24块（3岁）。每级应准备2～3个拼图供孩子练习、巩固。刚开始可选择有底图的拼图，在孩子熟悉拼图的玩法后可选择无底图提示的拼图。

4.积木。2岁半前，孩子主要进行单个建筑为主的简单建构，例如搭桥、做围栏、建各种造型的塔楼。孩子在堆砌积木的过程中，慢慢可熟悉各种构造的性质，如能动性（球体）、稳定性（柱体），以及各种构造整体的平衡关系等重要的物理常识。2岁半后，孩子能造出有主楼、有围墙、有大门的院子，即能把水平排列、搭桥、垂直叠高这三种策略结合起来，他会根据自己的想象结合家庭实际情况来构建，通常建的是他理想中的家，他甚至会告诉你每个家庭成员住哪儿。除了建构，家长还可以用贴纸限定一个区域，让孩子用积木填满这个空间。

5.纸杯。除了让孩子用纸

杯练习套叠，也可让孩子用纸杯练习像堆金字塔那样堆叠，还可以让其扔掷沙包或滚动小皮球以撞击固定位置的纸杯。

6.水管积木。一般为环保塑料ABS材质，有直管、十字管、T字管、弯管等构件，通过拼插、组合可做出长棍、链条等造型，配上轮子甚至可做成小车。

7.磁性钓鱼嵌板。孩子用带有磁石的钓鱼竿吸小鱼时须极专注，才能控制好钓起的力度与速度，这是锻炼孩子脑—眼—躯体协调能力很好的玩具。

8.绕珠座。先从简单的双轨绕珠开始玩，孩子熟悉了再增加轨道数，或选择轨道更复杂的绕珠座。

9.沙箱。把沙子装在一个大的收纳箱内即可。如担心孩子把沙子弄到口或眼里，可用大麦仁替代。玩的时候，家长可以把小物件当作宝藏埋入沙中，让孩子逐一找出来。

10.小三轮车。可先教孩子使用踏板，家长需要多次缓慢演示每个分解

动作。如果有家长想买可拆后轮的四轮儿童自行车，最好等幼儿过了2岁半以后。三轮车的脚踏在前轮位置，从2岁幼儿的大腿肌肉能力来考虑，驱动三轮车用到的腿脚动作比驱动四轮车要简单得多。

道具类玩具

除了简单的需动脑、动手的玩具，孩子也想尝试家长或其他社会人员日常做的事情，他会通过角色扮演游戏来尝试模仿大人的各种动作去解决各种问题，这就需要道具类的玩具。

1.厨房套装。包括仿真食物，小号的锅碗瓢盆、洗手台、灶具等。孩子会在游戏中模拟做菜的程序，体验厨师等“临时”身份。家长可以给孩子一些主题，例如做下午茶点心，让孩子熟悉不同食物的制作过程和需要的材料。

2.清洁工具套装。可让孩子体验不同的家务劳动，比如使用扫把、拖把、抹布、刷子、垃圾铲等。尺寸以适合孩子使用为好，材质应与家长用的差不多。

3.医生/护士工具。包括听诊器、针筒、钳子、棉花、纱布、棉棒、温度计、创可贴、药丸、口罩、小镜子、药箱等。除了听诊器和药丸，其他建议使用真品。家长和孩子可轮流扮演病人与医生，体验求诊与诊病的程序。

4.超市购物套装。包括小推车和各种小商品。家长和孩子可轮流扮演购物者和收银员，让孩子学习按需求清单买东西，以及按清单清点物品。

玩具应如何收纳与给予

玩具的收纳与给予也隐含着重要的教育意义。

玩具的收纳

建议购置玩具柜与书柜，柜顶需有墙面固定装置，以免宝宝攀爬时倾覆。不同类别的玩具，例如安抚类的、大运动类的、精细动作类的、认知类的、角色扮演类的等，分类后应放在固定位置；孩子常玩的、不怕摔的，例如积木，应装在有透明盖的箱子里，放在柜子下层，方便孩子拿取和归位；有难度、零件较多、需家长陪着玩的，例如拼图、小颗粒物品与易碎品等，应用托盘或盒子分装，放在柜子中层，孩子能看见，但需要大人帮忙拿取；提前囤的或不再玩的玩具，应放在柜子上层。

部分不好归类且有风险的零散玩具，应放入带锁的抽屉中。有些大件玩具，可放入密封储物箱中。储物箱最好有叠高设计，方便以后加新的箱子时不易掉落。箱子要选厚实的有圆角设计的，甚至可供宝宝1岁后当攀爬台阶用。

玩具的给予

为了培养宝宝自选玩具的习惯，从其1岁后即可让他自己选玩具。宝宝不会说玩具名称，只知道位置时，家长可以抱起宝宝，让他指明要选哪个玩具，然后家长说一遍玩具的名称，例如："拼图，这是拼图，你想玩拼图吗？"等孩子点头或说"是"后再拿下来。宝宝2岁前，尽量一次只玩一种玩具。要让宝宝知道，玩完玩具后要将玩具收拾好，并放回原来的位置。宝宝2岁后，可以允许宝宝一次玩几种玩具，因为有些玩具可组合使用，尤其是用于场景游戏时。

为了培养宝宝珍惜玩具的观念，新买的玩具应先收起来，等他把旧玩具玩熟了再给一个新的。书也是如此。

"幼儿教育之父"福禄贝尔认为，人类大脑发展速度的巅峰出现在0~3岁这个年龄段。本节介绍的各种玩具及亲子互动方法，正是促进孩子大脑发育的强力推手。希望家长能利用这些玩具，在游戏中促进儿童大脑的发展。

绘画启蒙：培养孩子从涂鸦开始

绘画，是指用笔、板刷、刀、墨、颜料等工具或材料，在纸、纺织物、木板、墙壁等平面（二维空间）上塑造形象的艺术形式。

也就是说，绘画不像跑步、唱歌那么简单，它是一项需要协调多种能力的综合性、创造性活动。

绘画需要五种能力

握持书写工具的能力

握持不是一个单一的动作，而是上百块肌肉与上百条神经协调的结果，它并不是孩子出生后就会的。一开始，婴儿只能用整个手掌来抓握笔，但他还不能利用近躯干的关节（如肩关节）来控制笔，直到通过几个月的爬行、俯卧、翻身等锻炼到臂肌，在15个月左右，才能开始做有限的动作来带动

笔，然后一步步，从肩到肘，再到手腕、手指。所以幼儿最开始用笔画出的是点或短线，慢慢进化到各种角度不同的直线与弧线，然后再从不闭合的弧线过渡到闭合的圆。从时间来划分，幼儿持笔绘画一般自1岁多开始，前面为准备期；1岁多到3岁是孩子从点到线再到面的练习阶段，常被称作“涂鸦期”，因为大人几乎看不出孩子画的内容与具体形象的关联。

视觉能力

绘画时，孩子的眼睛需要根据画笔的移动而移动，这需要视觉广度与速度的配合。1岁前，这两者发展得比较慢，孩子看东西经常“脱靶”，甚至拿着两块积木对敲都很难实现。随着爬行、走路这类移动经验越来越多，1岁后的孩子形成了立体视觉，能追踪运动的物体，并开始把来自两眼的有一定视差的视觉信息进行整合，从而形成深度感，这样孩子的手眼协调能力就有了突破，不会出现想画点却在纸上点空的情况了。1岁半后，随着日常喝水、吃饭、玩玩具等大量精细动作的锻炼，孩子的视动统合能力得到重大发展，涂鸦时不太会画出深浅不一、忽断忽续的线条了。2岁后，孩子发展出脑—眼—躯体协调能力，这种运用大脑加工视觉信息，并引导躯体运动的能力，能让孩子更流畅地进行连续的往返运动，从而能画出重叠或复合的线条与圆。

审美感受力

绘画创作的动力，来自人对美的感知。美是一种触动，花朵很漂亮触动了孩子，妈妈的拥抱很温馨触动了孩子……孩子拿起笔来画，一定是想保留这种触动或传递这种触动。在孩子还不能自如地画出这些“触动”时，孩子首先得打开自己的五感与心，接受这些美的触动。只有被触动，孩子的脑海里才会冒出意象。因为意象会随时间而淡忘，这才让孩子产生画出这些意象的想法，好比我们用相机把美的一刻拍照留存一样。3岁前，给孩子的美的触动越丰富，孩子的审美感受力就越强。当孩子的心智善于发现美，他就有源源不绝的创作欲望，而不是空洞地等别人告诉自己可以画什么，或刻意模仿别人的画。

表征能力

表征是认知心理学的概念，指将现实世界的事物以另一种较为抽象或符号化的形式来表达或代表。绘画，是孩子对现实世界的表征。3岁前，受思维水平所限，孩子只能用简单的线条来再现轮廓极其简单的事物，例如用圆圈代表苹果；只能观察到物体与物体之间的空间（拓扑）关系，例如苹果和香蕉是独立的、分开的。2岁多的孩子能在圆圈（苹果）旁画一个不规则形状（香蕉），以表示两者是分开的。但这时孩子还未开始关注物体内部的空间（拓扑）关系，更无法用标准几何图形来模拟事物的固定形状，例如妈妈的脸从正面看和从侧面看，形状是不一样的；妈妈走近或走远，脸的大小也在变化，那如何才能用一个固定的形状或大小来表示呢？这是本阶段孩子十分困惑的地方。所以3岁前，孩子的思维水平决定了他的绘画表征能力只能维持在一个较低的水平，这时孩子只能画出一个事物是一个闭合的图形或是一个不闭合的图形，因为这是他唯一可以确定的地方。

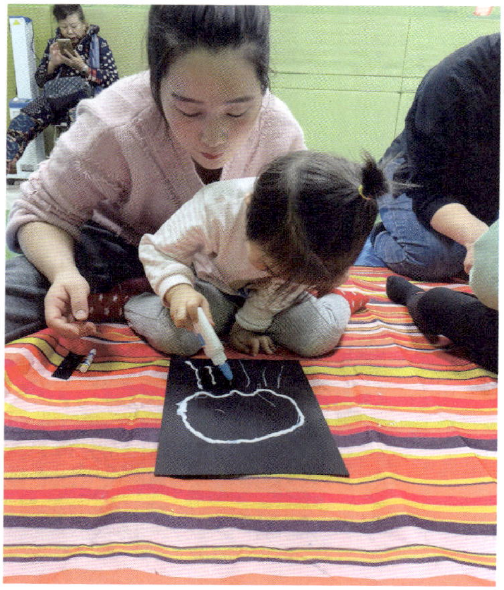

语言表达能力

正因为孩子的观察、理解与表征和成人不一样，所以他画的画才不那么好理解，这就需要一个“翻译过程”。只有当孩子对画作进行说明，成人才能理解他画的是什么。孩子从无意识涂鸦进化到有意识涂鸦一般在2岁左右。家长可以向孩子提问：“这是什么？”让孩子用语言为自己画的形象赋予意义。家长还可以概括孩子的话，例如：“啊，原来这个圆圈是妈妈，这个圆圈是宝宝，我们两个挨在一起。”孩子也许会因此学习更多名词、动词等，从而能更自如地为自己的画加以解释，让妈妈或其他人更了解自己的画作。孩子语言表达能力的提高，会促使孩子画出更多画作。

由此可见，孩子要绘出一幅画，需要有所感、有所触动，需要手指熟练地使用绘画工具，需要脑中有丰富的意象，需要正确表征事物内外的空间关系，才能边想边操纵肢体，在平面上画出形象，然后向别人介绍自己画的形象。

涂鸦准备期：0～1岁孩子的绘画启蒙

正如练舞蹈先压腿，学武术先挑水，孩子在动笔涂鸦前，家长得先帮他做四个准备工作。

为孩子提供丰富的视觉刺激

著名教育家乌申斯基认为：“没有观察，就没有明确的观念；没有明确的观念，就没有绘画。”可见，绘画的基础在观察，而观察主要依靠视觉。如果没有给孩子丰富的视觉刺激，总是让孩子对着四面白墙及有限的事物，孩子的观察能力和色彩感受力就会大大降低。视觉刺激中最重要的一点是颜色。国外有学者对300名婴幼儿进行了长达五年的追踪观察和研究，结果表明：一个在五彩缤纷且暖色调为主的环境中长大的孩子，其观察、思维、记忆能力都远高于在普通色彩环境中长大的孩子。视觉刺激中另一个关键点是角度：多角度地观察一个事物，能帮孩子顺利建立起关于

立体事物的三维模型。

所以本阶段，家长应提供色彩鲜艳的玩具和图画书，以及真实的花草果蔬等实物供孩子观察。为孩子提供物品时，还应经常变换孩子的观察视角。例如家里有一个花花绿绿的手掌大的布球，家长可以把球挂在婴儿床的上方，让孩子仰视观察；也可以让孩子趴在床上，把球放在他前方或左右侧，让其平视观察；还可以抱起孩子，让他俯视布球；孩子能坐后，可以让他抓捏、拨动球，让球变形、滚远、靠近……这样，孩子就能更全面地观察物体，从而为画画积累更丰富、更可靠的素材。

锻炼孩子的肢体力量及身体平衡能力

最常见的方法是让孩子多爬，因为爬行是运动的第一步，能让孩子学习如何让身体两边协调运动，并发展腰腿力量。家长可以把会动的或会发声的小物件放在孩子的不远处，逗引其爬行抓取；还可以在前进的路上设置障碍物，例如小枕头、竖起的游泳圈，让孩子“翻山越岭”。除了锻炼腰腿力量，孩子也需要锻炼臂力及平衡能力，家长可以让孩子多投掷，例如给孩子大小、轻重不同的物件，让他扔到半米外的箱子里。孩子练多了，能提升其对手臂的掌控度。此外，家长还可以和孩子做动物操，模仿动物的前进方式，也能锻炼肢体力量及身体平衡。

让孩子练习操控工具

孩子9个月左右，家长就可以让孩子练习握持勺子，控制方向，用勺子舀起食物，然后平移到嘴里，再拿出勺子。1岁左右，孩子能用四指和拇指握住勺子（全掌抓握），这和他最开始握持画笔的手部动作是一样的。所以平时多让孩子练习用勺吃饭，也能带动孩子握笔、运笔动作的发展。另外，家长可多为孩子提供舀物练习，例如把一块豆腐或一些豆子放在一个碗里，让孩子将其舀到另一个碗里。

提升孩子的手—眼—脑协调能力

家长可以让孩子多玩面团：做一块软一点的面团，让孩子先用手指在上面戳出一个个小洞，接着用手掌拍压面团让洞洞变平，再继续戳洞洞……家长应鼓励孩子从单手戳洞发展到双手戳洞，甚至拿积木、筷子等物体来戳洞。

经过以上四种准备工作，孩子涂鸦前需要的前置经验就掌握得差不多了，可以进入下个阶段了。

无序涂鸦期：1～2岁孩子的绘画启蒙

发现操控手的运动会产生轨迹，这是孩子喜欢涂鸦的主要原因。本阶段，孩子处在直观行动思维阶段，他不会把自己的动作与外界事物相联系，仅仅会关注自己当下的动作，在看到动作产生的痕迹后就会很满足。

在1岁半前，孩子还不能较好地使用笔这个工具。家长可以让孩子使用身体或借助外力来涂鸦——这种像游戏一样的绘画活动是1～2岁无序涂鸦期的主要内容。

手指画

准备一张白纸和一杯咖啡，为孩子系上围裙，让孩子用手指蘸咖啡，在纸上随意地做点压的动作，可用单手点压，也可用双手同时点压，还可以像敲鼓那样左右手轮流点压，以在纸上创作出一堆密度不同的点点。接着家长再找一张白纸，让孩子手蘸咖啡，在白纸上画出一条条线。线可能是弯弯曲曲或断断续续的，没关系。可让孩子多画几条，甚至可以用左右手交替进行，以画出重重叠叠的线。最后，家长可给孩子的手指蘸上红色颜料，边说“飞来好多只小鸟，停在电线杆上”，一边引导孩子在线上点压出红色点点。

手掌画

家长准备一张大一点的白纸，固定在墙上；再准备一大碗蔬菜汁（比如菠菜汁、紫甘蓝汁、胡萝卜汁、紫薯汁等）；为孩子系上围裙，让孩子用手掌蘸汁，在纸上留下自己的手掌印。家长可鼓励孩子改变手掌的

角度（旋转），改变手指的开合度（合拢），改变两个手掌的组合形式，以拍出不同的手掌画。之后，还可以给孩子的手指蘸上黑色颜料，边说“下雨了……”，边引导孩子在画作上点压出黑色点点。

脚掌画

家长准备一张大一点、厚一点的白纸，铺在地上，用双面胶固定四角，再准备一小盆蔬菜汁和一张小凳子。然后，家长引导孩子坐在凳子上，单脚蘸汁，踩在纸上；换另一脚蘸汁，踩在纸上；同时用两脚蘸汁，一起踩在纸上；两脚蘸汁，轮流踩在纸上；最后用脚指头蘸汁，踩在纸上，并与脚掌的印痕做对比。如果孩子不想坐了，可以换另一张纸，让孩子一手扶家长的手，用脚蘸汁踩踏在纸上，可以做踏步的动作，也可以做跳跃的动作。

滴流画

家长准备一张白纸，另准备一个空的眼药水瓶，并在瓶内装入蔬菜汁，然后为孩子做示范：沿直线间隔较小距离滴几滴汁液到纸上，然后双手持纸两端，倾斜纸面，让汁液往某个方向流动。为孩子系上围裙，让他模仿家长的做法，可鼓励他换方向倾斜纸面，如先往一个方向倾斜，再往另一个方向倾斜，或用抖动的方法，看汁液在纸上会留下什么样的轨迹。

上面这些绘画活动可以经常进行，还可使用不同颜色尝试。孩子经过半年的过渡，会积累很多经验。

1.5～2岁这个阶段，家长可以提供蜡笔给孩子涂鸦了。

由于孩子对五指的操控未完全分化，对蜡笔的操控还不熟悉，一开始，他在纸上的涂鸦是散乱且不规则的点与短线。慢慢地，孩子能以肩为轴心带动肩和手臂上下左右运动，于是可以画出横线、竖线了；有时他换个姿势，就让这些线有了角度，变成了斜线。孩子对于能画出线条会很兴奋，他开始时是一边看着出现的轨迹一边画，慢慢地就会加大肩部的摆动幅度，画出更长的线，甚至能连续摆动，画出复合横线、复合竖线及复合斜线。

为了让孩子无拘无束地练习，家长应提供大一点的纸，例如像大挂历那么大的纸，安排孩子在肢体伸展无虞的空间、桌面上涂鸦。这时候，家长只需要提供一支蜡笔即可，因为孩子关注的是如何操控手的运动留下轨迹，而不是色彩的选择与运用。颜色方面，只要是孩子喜欢的颜色就行。通常红色是孩子比较喜欢的，因为它鲜艳且温暖。蜡笔最好选择较硬的油画棒，以免孩子画着画着断了，打断他的涂鸦欲望。

经过练习，孩子的手很快便能做以肘为轴心的左右往返运动，从而能画出像Wi-Fi（无线网络）标志那样的弧线及复合弧线。

在画弧线的过程中，孩子会发现，如果肩与肘同时运动，能画出一些特别的线条，例如开放线、闭合线、之字线、波浪线、环线、螺旋线等。孩子画的这些线看上去没什么规律，没关系，这是孩子画出圆之前的必经阶段。

只要一直让孩子进行自由涂鸦，不予以评判，孩子在约20个月时，便能做流畅的肩肘往返运动，从而画出重叠的圆。虽然这时候的圆看起来还比较笨拙，但经过连续练习，孩子很快会发现，可以不再使用肩肘关节做运动去画圆，而是只以手腕为轴心做运动就可以画出圆。这下孩子终于可以画出比较漂亮的连续的圆圈了。孩子能画出同一个轴心的圆后，会尝试边画边转移轴心，这样就可以画出循环向外的圆了。

以上，是本阶段孩子的涂鸦进程。为了鼓励孩子涂鸦，家长可以把孩子画过的有代表性的轨迹收集起来，给孩子自由翻看。孩子看到自己画过的轨迹，会产生触动，继而画出一些新的轨迹。在这个阶段，家长依然需要像上阶段那样，给孩子丰富的视觉刺激，多带孩子去大自然多角度地观察事物，继续锻炼孩子的大运动与精细动作，让孩子的手-眼-脑协调更自如。

控制涂鸦期：2～3岁孩子的绘画启蒙

孩子从上阶段的涂鸦行为中逐渐发现，手的运动与涂鸦的痕迹有必然联系。于是，从2岁开始，孩子进入视动统合能力的关键发展期，他开始让眼睛追随手的运动，握笔的方法也越来越接近成人。

得益于手腕的往返运动，孩子能画出短而密的复合直线了，这和他在上阶段用肩肘运动画出的复合直线不同——肩肘运动画出的线较长、较疏。很快，孩子逐渐用指尖发力，可画出单个线条有交叉的圆，再经过连续的练习，孩子对手指的操控越来越熟练，可画出比较小、看起来不太规则、聚在小范围内的圆圈群。

为了让孩子更省力地画出更多形状，家长可为孩子提供一些用指尖力量控制工具的练习。比如倒水练习：准备一个容量约500毫升有耳的水壶，装入约400毫升的水，另准备几个瓶口大小不一的小杯子，让孩子把壶里的水倒入杯子中，然后再把各个杯子里的水倒回壶中。装水的容器可以不断变换器型，例如把水壶换成易拉罐、汽水瓶、牛奶瓶等；还可以变换容量，例如从500毫升增加到600毫升、700毫升，或减少到200毫升、100毫升。孩子握持及倾倒装有水的不同容器时，需要用不同的力，这需要协调手臂、手腕、手指的用力方式，所以这个练习不但可以训练孩子的视觉空间能力，还能让他调动大脑，不断修正自

己的动作，让水尽量不洒出、不溢出容器。这些技巧与孩子涂鸦时的用力方法是相通的，比如何时用力、用多大的力、何时改变力的方向等。

这种由大脑加工视觉信息，并引导躯体运动的脑—眼—躯体协调能力，是最初的视觉逻辑能力。这也意味着，孩子的脑开始发挥先导作用了，孩子的思维从直观行动思维逐渐转变为具体形象思维，他的自我意识出现了。当接受来自外界的视觉刺激后，孩子开始有记录、表达的欲望。这时候，孩子的涂鸦变成了有控制的活动。

孩子已经能画出直线、曲线和圆了。生活中、大自然中，很多事物的形象就是由这些简单的线条、形状组合成的。这个时期，家长可以让孩子通过触摸单个事物的轮廓，让他获得涂鸦的灵感。例如树枝，摸起来是长长的、直的，孩子会受启发，继而画出一条单独的长的线段，以表征树枝；例如苹果，摸起来圆圆的，孩子会受启发，继而画出一个圆来表征苹果。

线段分长短，圆圈分大小。为了让孩子用长短不一、大小各异的圆圈表征事物，家长可以提供差异明显的一对事物让孩子进行比较，比如一根棉棒（短）和一根筷子（长）。孩子看完、摸完，就能受启发，画出长短不一的线段。如果给孩子一个圆碗（小）和一个圆锅（大），孩子就会受启发，画出大小不一的圆。

正是因为孩子是有所触动（依赖于感官与动作）才开始绘画的，所以孩子能对画的内容进行解释和说明，例如说出“这是碗”，他不再是为了创造轨迹而涂鸦，而是要把自己的所见、所感、所动通过画形象地表现出来。很多时候，3岁前的孩子也会因为对画有了新的想象而改变自己的解释，例如某天再问孩子他之前说是画的碗的画，他也许会说那是自己的肚子。

现实中的事物从不同的角度看，形状、大小有可能是不同的，例如碗，平视和俯视看到的形状就是不同的。为了让孩子更直观地比较，家长可以利用内容丰富的绘本，尤其是一些教孩子成对概念的构图简洁的认知类绘本，帮助孩子拓展这方面的认知。另外，为了让孩子感知轮廓，家长

可以让孩子用手指描摹卡通图画的黑色框线。

当孩子能比较顺利地画出长短不同的线后，家长可以故意改变事物的摆放方式，例如把树枝横着放或竖着放，启发孩子画出横的线段与竖的线段。另外，随着孩子对“捏”这个精细动作（通过捏豆子等小物件训练）的熟练运用，孩子能画出封闭的没有线条交叉的圆了。别小看这个动作，它需要孩子追视笔尖的运动轨迹，预测线条的走向，并估计手动的速度，以判断哪个地方应及时停笔，是脑—眼—躯体协调能力达到一定高度的结果。

对这时的孩子来讲，控制手部的动作画出一个圆就这么费力了，更不用说要为一个圆涂色了。涂色的动作控制对这时的孩子来说难度太大，所以这个阶段不能让孩子进行涂色活动。涂色活动要等孩子至少5岁左右才能进行。

这时，孩子能分辨粗细差异明显的事物了，例如树枝比竹竿要细，他就会受到启发，继而选择能画出细线条的铅笔与粗线条的马克笔来表征细和粗。这时候，家长可以提供多种笔给孩子，并引导孩子思考：不同的笔能画出多粗或多细的线条？同一种笔，能通过改变握笔姿势画出粗细不同的线条吗？用粗细不同的笔画圆将会怎样？让孩子逐一尝试，找出答案。

经过一段时间对单独事物与成对事物的表征，孩子初步发现了事物间简单的位置关系（拓扑关系），例如爸爸和妈妈是既可分开又可在一起的，他会在涂鸦时表现出这种关系。为了丰富孩子对事物的认识，家长可以让孩子尝试蔬果拓印活动。准备一些被切开的蔬果，例如芹菜、青椒、苹果、玉米、莲藕等，让孩子用其蘸上颜料，在白纸上印出其横截面。

家长若想激发孩子创作更多的画，可把握一个原则：孩子往往会画一些印象深刻的事，例如高兴、有趣、感动的事，以及与自己有关的事。家长不妨在平时多和孩子互动，用欢乐的场景激发孩子创作。另外，还可以用诱导式的语言启发孩子作画，例如从公园回来，提议和孩子一起在纸上“种树”，画出由多条竖线组合成的“树林”。在孩子没耐心继续画时，家长可为已画的内容命名，然后通过虚构情节让孩子创作新的内容。例如孩子画了几个圈，妈妈可以说：“这些是羊，羊要去哪儿呢？”孩子可能会说它们要去找爸爸妈妈，然后孩子就会接着画出羊爸爸、羊妈妈……

另外，既然创作是受孩子自我意志控制的事，那么选择画纸与画笔也应该让他自己来。这个时期，家长可以把不同规格的纸和粗细不同的笔放在固定位置，供孩子拿取。家长不需要提供多种颜色的笔，因为孩子还没到考虑用色的阶段。

0～3岁绘画启蒙常见误区

了解了孩子3岁前绘画发展的心路历程，还有一些常见的误区需要家长特别留意。

误区一：教孩子画形象

涂鸦是孩子自然而然的表达，表现的是他的内心世界。任何以成人意志为主导的简笔画、卡通画和临摹画等，都是让孩子进行刻板的模仿，而不是自如的表征。孩子目前画的形象“不像样”，主要受精细动作与思维水平所限。只要让孩子按着自己的节奏发展，5岁左右他就能画出大人能理解的形象。家长不需着急！

误区二：孩子涂鸦时随意打扰

孩子涂鸦时，不要问孩子——“你画的是什么？”也不要给孩子递送吃的、喝的，让孩子专注地画。

误区三：创意绘画培训=绘画启蒙

孩子从画出直线到画出曲线再到画出圆，需要进行大量的重复的练习。孩子从画出单个线条或圆到画出多个线条与圆，并将之合理地组合在一个画面中，需要大量生活体验。创意绘画培训一般是让孩子根据老师的要求“做”画。绘画是通过脑、眼、手配合表征脑海中的形象的创作活动。创意绘画培训与绘画启蒙的目的背道而驰，无法替代本节所述的绘画启蒙。

阅读启蒙：从0岁开始培养孩子的“阅读脑”

早期阅读的重要意义

早期阅读已经成为国内外婴幼儿早期发展领域普遍关注的热点问题，越来越多的家庭开始重视从小培养孩子的阅读习惯。

什么是早期阅读？早期阅读的目的到底是什么？早期阅读到底会为孩子带来什么样的好处？什么时候开始早期阅读最为合适？如何做好早期的阅读启蒙？这些问题日益成为新时代父母的重要关注点。

什么是早期阅读

早期阅读是指0～6岁的婴幼儿凭借各种颜色鲜艳的图像、文字，并在成人形象的讲读引导中逐渐理解读物内容的一个活动过程。这个过程并不是以让孩子学习、识字为目标的过程，也不是以让孩子听懂故事为目的的过程，而是一个可以促进儿童综合能力并使其最终拥有独立阅读能力的复杂过程。

早期阅读如何激发大脑思维

单纯地听故事，是大脑中听觉区域来负责的，而阅读的时候，不但听觉要用起来，视觉也要用起来。在完整的阅读过程中，孩子的大脑是这样进行工作的：首先通过听觉和视觉来收集信息，之后把看到的图像和文字进行处理和解码，并且把听到的语言的语意也提取出来。这些复杂工作是在大脑语言区完成的。

当孩子能够提取语意，还能加入更多背景知识的提取，这就是大脑开始思考的证明。不仅能从认知体系提取，还能进行因果关系的判断和推理，到了这个时候，人脑中的认知区域才真正开始工作。

在阅读活动最后的阶段，情绪开始出现。在阅读中，很多过往的经验会刺激大脑的杏仁核和海马回，孩子因此会跟随故事的发展开始有融入性的情绪变化。

可以说，在孩子的各种早期启蒙中，阅读是最不可或缺的。

早期阅读对日后学习有什么影响

美国心理学家推孟发现，42%的天才男童和46%的天才女童是在5岁前开始阅读的。在婴幼儿期及时进行阅读启蒙，激发阅读兴趣，养成阅读习惯，孩子进入小学后的阅读和学习兴趣会大大提高，对于知识学习中的阅读困难也会明显减少。

近年来，由美国哈佛大学著名的儿童语言学家凯瑟琳·斯诺教授领衔，美国最有影响的早期阅读研究项目“开端正确：培养成功的阅读者”，经过3年的系统研究，发现早期阅读能力对未来阅读能力和学业成就具有预测作用，在小学三年级阅读方面的差生，一般会成为高中阶段成绩很差的学生。

而在我们成年人的生活和工作中，阅读方面能力欠缺的人，还会给自己和他人的生活带来非常大的困扰，比如无法准确理解工作中的指令，误解合作双方的目标，造成工作拖延，等等。还有很多情况也是经常发生的，比如阅读能力差的人常看错日期和时间，错过重要的约会，买错车票，等等。

可见，早期阅读不但对孩子的认知、语言和思维发展起着至关重要的作用，甚至会影响他们成年后的生活质量和水平。

早期阅读对大脑的发育和成熟有着积极的促进作用

人类大脑收集外界的信息，80%是通过视觉获得的。绘本阅读中，各种颜色鲜艳的图片最先开始刺激的就是孩子的视觉，早期视觉的刺激能够非常有效地促进婴幼儿大脑神经网络的发展。

阅读不但需要视觉，有时还需要同时进行听觉的运用。家长一边引导孩子看图的同时，一边会用语言进行描述，因此早期阅读还能够激发婴幼儿听觉功能的发展。

视听觉的统合能力，是孩子思维和想象力发展的基础。早期阅读能够激发儿童对人和物的好奇心和兴趣，从而促进儿童的认知发展。

好奇心能够使婴幼儿在认识世界的过程中更加主动和积极，这个过程正是孩子认知发展的过程。认知是什么？认知是孩子大脑中一切感知觉、思维和想象的过程，这些过程所呈现出来的能力包括注意力、观察力、思考力以及创造力。这些能力的汇集就是孩子对世界的认知能力。认知能够让孩子面对一个问题的时候从不同角度思考，在理解中找到各种逻辑关系，最后找到合适的解决问题的方法。这些最基础的认知能力的发展，都是可以通过阅读来促进的。

在好奇心的驱使下，孩子在阅读过程中能够保持积极的状态，提高阅读活动的效率，从无意的注意逐渐发展成为有意的注意，而且专注的时间会越来越长，这是阅读对孩子注意力发展的影响。

新生儿出生的时候记忆能力其实相差无几，记忆能力逐渐差异化更多的是因为后天的教育和培养。观看图书中的画面，能够让孩子对已经认识并保存在大脑中的事物形象进行再现，从而提高识记的能力。随着语言能力的提升，复述、朗读和背诵还能够进一步巩固和增强孩子的记忆力。这是阅读对孩子记忆力的影响。

在孩子进行认知输出之前，记录在大脑中的事物需要经过思维这个过程。在阅读过程中，孩子能够经历很多思维过程，比如模仿动物的动作和叫声这个过程表明孩子建立了一定的事物表象的链接，掌握了一定的词语，然后才能用自己的声音、肢体等展示出来，这会促使孩子的思维不断发展。在观察图书画面和故事内容的时候，孩子还要对内容进行各种推理和猜测，他们会提问“这是什么”，以及“为什么”，这些过程都表明孩子的思维能力得到了更好的提升和发展。思维能力也是一种观点总结和取替的能力，包括视觉上的、认知上的和情感上的。当孩子在阅读一本绘本的时候，书中有一些事情或许是他们经历过的，但他们的反应和书中展现的观点并非永远一致，这个时候孩子就会去观察书中主人公的反应，学习了解不同人物的不同观点。这是阅读对孩子思维发展的影响。

儿童语言发展主要表现在四个方面：语音学习、语意学习、语法学习和语言使用。亲子共读的过程，为婴幼儿提供了与家长交往和交谈的主题及机会，增加了孩子使用语言交流的兴趣和经验。在阅读过程中，孩子会反复进行发音练习，不断理解每个词汇的意思，从而积累丰富的词汇。将一本绘本反复讲到孩子非常熟悉为止，能够让孩子掌握语法的使用方法。可以说，阅读是孩子学习语言表达最好的机会，不但能让孩子了解和掌握日常口语，还能帮助孩子逐渐向文字表达过渡。这是阅读对孩子语言发展的影响。

在婴幼儿的世界里，充满了令人意外的想象和创造。把书中的内容带入到生活中是他们的一大认知特点。把书中的内容和生活中的经验相融合，并进行创造，是每一个孩子的天赋。比如当孩子知道了水杯是用来喝水的，但他们又看到图书中的杯子还有其他的用途，就会激发他们去想象杯子的更多用途，并且愿意在实际生活中进行实践。这是阅读对孩子创造性发展的影响。

早期阅读能够促进儿童社会交往能力的发展，帮助塑造良好的品格

随着孩子年龄的增长，他会从一个自然人向社会人进行转变，会逐渐从家庭走入更多同龄人的群体。在此之前，孩子需要具备融入社会以及与人交往的能力，学会怎么与自己相处，怎么跟他人相处，还要知道如何尊重他人、理解他人，富有同情心和同理心。

阅读活动，一方面在形式上为孩子提供了与家长及其他孩子交往的机会，另一方面在内容上给孩子提供了大量可模仿的事件，可让孩子在阅读中体验实际生活中所没有经历过的交往经验。阅读中愉悦的体验，能够让孩子更加热爱生活，甚至具备更鲜明的人格特征。

早期阅读可以帮助儿童发展良好的情绪

孩子在成长过程中必须养成的一项能力就是情绪的自我管理能力。这个能力甚至决定着一个人终生的幸福指数。无论是积极正向的情绪还是消极负向的情绪，在孩子的内心最开始的时候都是没有办法非常自如地进行理解、表达和调节的。尤其是面对一些消极情绪时，孩子最开始的表现大部分只有哭闹、闷闷不乐。当我们使用绘本阅读的方法，让孩子从书中看到当别人面对这种情况时是如何进行表达和缓解的，孩子能够从中掌握更多的情绪调节方式，也能更好地理解自己和他人的情绪。阅读对婴幼儿消极情绪的适当发泄和积极情绪的唤醒都起着非常重要的作用。

早期阅读开始的最佳时间

心理学研究发现，2个月大的婴儿就能分辨不同形状的物体和图形；4个月左右的婴儿能够区分母亲和别人的面孔；5～6个月的婴儿开始把书当成玩具，会放到嘴里啃咬，可以用手拍打、撕扯、推开；8个月以后，若父母能为孩子提供良好的阅读环境，孩子便能逐渐学会翻书并对着图书喃喃自语。一般情况下，当孩子可以稳定地坐在家长腿上的时候，早期阅读就可以开始了。

亲子共读中常见的错误

几乎所有小朋友的家里，都有各种各样的精彩的绘本，甚至有些孩子拥有的图书的数量已经超过成人。

很多家长都非常愿意陪孩子读书，给孩子讲故事，和孩子一起阅读，一句一句把书里的内容讲（读）给孩子听，帮孩子分析各种问题。但很多时候效果却不尽如人意，例如孩子上学后不喜欢学习，阅读能力一般，不喜欢读书，连审题都困难。这是为什么呢？

问题可能出在亲子共读的方法上。如果家长在陪伴孩子的时候使用了不合适的方法，没有让孩子在阅读过程中成为主角，没有给孩子充分表达的机会，互动也少，长此以往、不但不能提升孩子的阅读能力，不能帮助孩子养成良好的阅读习惯，有的时候还会弄巧成拙，会让孩子厌恶读书。还有家长不了解孩子每个阶段特有的阅读特点，而误以为自己的孩子天生就不是读书的料，提前给孩子贴上了不好的标签。

在亲子共读的时候，家长一定不要忘记亲子共读的目的是什么。早期的亲子共读，目的就是让孩子具备自己读的能力，而不是让孩子在早期阅读中积累、学习多少知识。早期阅读重在培养孩子良好的阅读习惯。这个阶段，孩子并不需要博而广的书海，而是需要反复进行阅读能力的训练和提升。在早期阅读启蒙阶段，家里拥有多少绘本和孩子读过多少绘本，并不是衡量孩子阅读能力的参考标准。能够用正确的方法把孩子喜欢的书读得让孩子感兴趣，并且在共读过程中掌握了亲子共读的方法，提升了孩子的阅读兴趣，才是真正的亲子共读的意义。

是的，如果我们把绘本阅读的目的和方法都进行适当的调整，家长很快就会发现，孩子不但具备了倾听的能力和识字的能力，更具备了真正的阅读的能力。

高质量的亲子共读，目标是提升孩子的综合能力。我们要让孩子成为阅读的主人，爸爸妈妈们千万不要站错了位置。

亲子共读的阶段划分

虽然我们都知道了开始早期阅读的最佳时间，但是随着早期阅读的进行，每一个孩子的阅读能力和表现却不尽相同。根据孩子不同年龄阶段的不同表现，我们可以把早期阅读启蒙分为探索期、命名期（看图期）、故事期和识字期。我们了解了孩子在不同阶段的表现，掌握了相应的共读技巧，才能帮助孩子顺利完成早期阅读启蒙。

探索期阅读启蒙的方法

在这个阶段，孩子能从听觉、视觉、嗅觉和触觉四个方面体会到书是个有意思的东西。孩子的阅读之旅从这时开始了。孩子会用自己的方式感知世界和探索世界。尽情让孩子通过听、看、摸、闻和其他方式对书进行全方位体验吧！

表现特征

大部分孩子在6个月左右的时候就能坐在家长的腿上了。他这个时候其实就可以开始准备阅读了。

准备阅读，并不是真的开始“读”，而是让孩子做阅读的准备工作。孩子开始时对书的认知，和对其他玩具的认知是没有什么大的区别的。他们会把书放到嘴里啃一啃，用手撕一撕，也许还会挥着手臂将书扔出去。这个时候家长要试着引导孩子看书上面的图案。孩子会逐渐发现，“书”和其他玩具还是不太一样，书里面有很吸引人的颜色，书里面还有很多生活中见过的东西，比如奶瓶、娃娃、气球等。能够把真实世界的事物和书中内容进行关联，这说明孩子具备了“表象”的概念。当孩子具备了“表象”概念，他们就会更加有兴趣去观察生活，然后把实物和书里面的内容进行各种对比。

选书原则

这个阶段给孩子选书要注意以下三个原则：

第一，书籍要好玩，而且可以互动。这个阶段能够让孩子感兴趣的书，并不是故事书，而是对他们的视觉、听觉和触觉有刺激作用的书。我们可以为孩子选购能够发出声音的书，也可为孩子选购贴着不同质感材料的书，让孩子感受不同质感的材料的特点。

第二，内容要与婴幼儿日常生活紧密相连。只有选择内容与孩子日常生活密切相关的书，孩子才能理解书里的内容。书里面的图形轮廓要准确，特征要明显，才更容易让孩子产生联想并识别。

第三，和选购其他玩具的标准一样，一定要无毒无害，而且要结实耐用。像玩具一样的书，孩子使用的时候比较多，因此一定要无毒无害，而且要耐用。

陪伴技巧

这时，读书不应是孩子一个人的事。孩子非常需要家长的示范和引导。我们要帮孩子将生活中的事物和书中的图片进行联结，让孩子更有效地参与到阅读中来。

我们并不需要给这个阶段的孩子买很多书。我们甚至在一段时间内只需和孩子反复地看一本书或几本书，这样他们才会对书里面的内容更加熟悉，才会慢慢地对书感兴趣，才会和家长互动。很多时候，孩子会主动要求家长重复讲某本书。

家长一定要注意，不要过度期待孩子的反应。这个阶段，孩子的专注时间比较短，也许听一下就会跑开，再加上对书还不是很了解，很有可能今天感兴趣，明天就一点都不感兴趣了。当这种现象出现的时候，我们不要有挫败感，而是要有更大的耐心。

最后要强调的一点就是，每天阅读的时间要相对固定，这样能够让孩子感觉到读书和吃饭、睡觉一样，是每天都要做的事情，从而养成良好的阅读习惯。

一旦孩子开始对书有特别的兴趣了，他们对书的表现就会从啃咬、撕扯变成看到书就很兴奋，还会很主动地拿书要求家长陪他们看。这表示亲子共读要真正开始了。

命名期（看图期）阅读启蒙的方法

进入这个阶段，孩子开始对书中图片上的事物表现出极大的兴趣，他们非常乐于指着图片说这是什么、那是什么。因此，我们把这个阶段称为“命名期”。也有很多儿童专家把这个阶段称为“看图期”。

表现特征

当孩子不再乱咬乱撕图书的时候，他们的兴趣点开始转移到书里的画面上了。书里吸引孩子的颜色和内容都会让他们兴奋不已。只不过这个时候，他们所关注的和成人关注的会有所不同。成人更多的是先看页面上的文字，然后根据文字的提示来浏览画面。但孩子对文字是没有任何反应的，他们只看吸引他们的画面。很多父母在这个时候会误以为孩子不够专心，或者没有听懂大人在讲什么。其实，孩子这种不能和父母“同频”的表现是正常的，因为他们还不理解书中故事的主线，他们还只是依靠自己的兴趣来观察。不过，我们很快就会发现，这个阶段孩子对书的专注时间明显变长了。

选书原则

既然孩子喜欢关注画面，家长为他们所选择的图书就需颜色鲜艳。另外，这个时候孩子还不适合读情节很复杂的故事，为他们所选的书一定要简单易懂。如果所选图书故事情节相对比较复杂，家长陪孩子一起看的时候，就会不自觉地关注故事主线，从而忽略孩子的兴趣点。

在这里，给大家推荐几本比较经典的适合这个时期的孩子的绘本：

《小蓝和小黄》

《月亮，晚上好》

《猜猜我是谁》

“小手摸摸全知道”系列

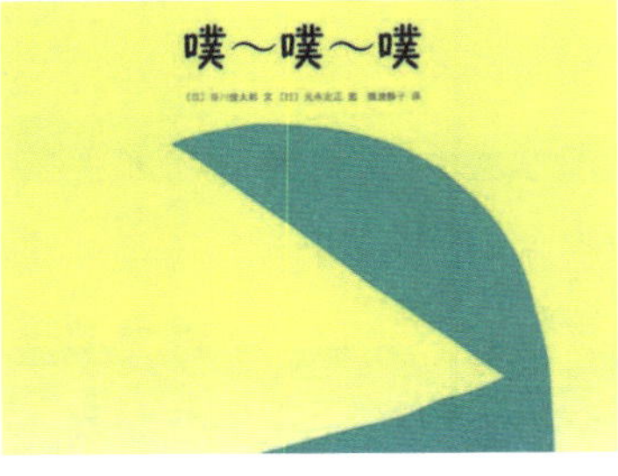

《噗～噗～噗》

《蹦！》

《抱抱》

《亲爱的动物园》

“和小鸡球球一起玩”（全6册）

《胡萝卜和豌豆》

陪伴技巧

选好了绘本，接下来该怎么办呢？如何进行亲子共读呢？

第一步，从看图开始。把图的内容和实际生活中的物品对应起来，这对孩子来说是很重要的事。家长要让孩子学会给看到的每张图上的内容进行指向性的命名。当孩子还不能说出完整的一句话时，家长可以进行简单的提问，比如“小狗在哪里？”让孩子来指认。当孩子能够完整地表达一句话的时候，家长就要换一种方式提问了。比如面对一朵花，家长可以问孩子：“这是什么？”孩子可能会回答“这是一朵花”。

第二步，让孩子看到的图丰富起来。对于这个阶段的孩子来讲，能说出图上“是什么”只是基础，更重要的是要把“是什么”扩展得更加丰富。还是以一朵花为例，家长可不断变换提问的方式，如：“这是什么颜色的花啊？”“这朵花下面是什么？”“这朵花有几片花瓣呢？”当然，如果进入到这个阶段的时候，孩子还不太会说话，这些内容可以由家长说出来。

第三步，对孩子所说出的内容进行肯定和赞扬。当孩子能够说出来的内容丰富起来的时候，家长首先要对孩子所描述的内容进行肯定，告诉孩子他的观察很认真。之后，家长还要把孩子说过的内容汇总一下，连成一整段话，再说一遍。这个过程可让孩子逐渐学会，如何把碎片化的内容一口气说出来。

为什么要对孩子进行这样的训练呢？这实际上是在为孩子进入小学以后写作文打基础。当孩子能够准确、丰富且富有逻辑地描述一个事物的时候，无论是现在用语言表达，还是将来用文字表达，都会非常顺利。

在描述一张图里的内容时，孩子使用的句子越来越长了，表明他们的下一个阅读阶段就要到来了。

故事期阅读启蒙的方法

什么时候才可以正式给孩子讲逻辑性比较强的故事呢？每个孩子进入这个阶段的年龄并不完全相同，一是取决于孩子的生理发育，另外还取决于孩子的兴趣点。这是在阅读启蒙的阶段划分上不按年龄而是根据能力划分的主要原因。

这个阶段我们需要继续培养孩子的口语表达能力，不但要在阅读的时候沿用上一个阶段的方法，日常生活中也要刻意引导孩子主动表达。

表现特征

之前，孩子在面对一本图书时有一个比较明显的特征，就是他们可能更关注画面而不是这本书真正的内容主题。如果他们不再只关注图片内容，而是将注意力更多地集中在主要的故事情节上的时候，他们就进入到真正的读故事的阶段了。进入到这个阶段，孩子在听完故事后能够复述出故事内容，即使语言表达比较晚的孩子，也能东一句、西一句地把故事讲个七七八八。复述的过程不单单是语言表达能力的训练，更是逻辑思维能力的训练。

选书原则

语言的学习，主要体现在四个方面：语音学习、语意学习、语法学习和语言使用。此前的两个阶段可以说是孩子学习语音和语意的主要时期。而这时，孩子要开始学习掌握母语的语法规则了。无论是口语还是书面语的语法规则，孩子都是从这个阶段开始进行大量的积累和练习的。

这个阶段，第一个重要的选书原则就是，在孩子逐渐开始学习使用语法的时候，要为孩子选择文字上有很多重复的句子的书。在阅读中不断地重复同一个类型的句子，可加深孩子对语法的理解。

故事情节的选择上要符合孩子的思维发展特征。如果孩子进入到这个阶段的年龄比较小，选择的故事逻辑性相对要比较简单。而年龄偏大一些的孩子读的故事，逻辑性可适当加强，以尽早开发孩子的思维能力。

在这里，给大家推荐几本比较经典的适合这个阶段的孩子的绘本：

《好饿的毛毛虫》

《猜猜我有多爱你》

《活了100万次的猫》

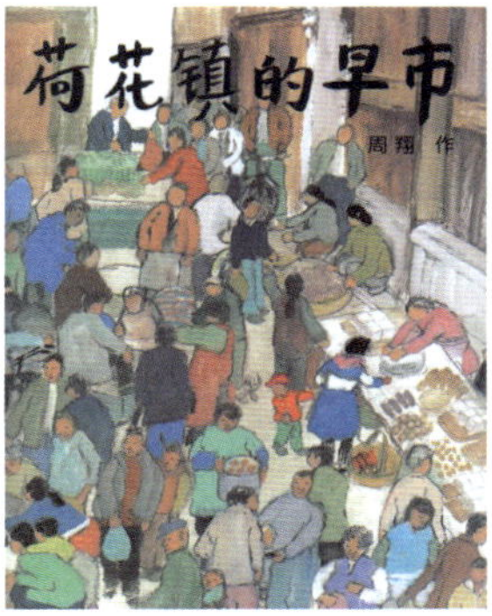

《荷花镇的早市》

《阿利的红斗篷》

《大卫，不可以》

《爷爷一定有办法》

陪伴技巧

教孩子做语言表达的练习，首先要让孩子明白他听到的话到底是什么意思，这是一种语义的理解能力的训练。儿童的理解能力是随着认知能力的发展而变化的。在认知能力发展的初级阶段，他们对听到的内容的理解并不一定百分之百准确，或者是听得不够完整，或者是理解成了另外一层意思。所以家长不但要在讲故事的过程中不断地回答孩子提出来的问题，还要在故事结束后向孩子进行各种提问，比如“你知道妈妈刚才讲的故事是什么意思吗？”“这个小朋友在故事里做了什么事情呢？”“小猫咪为什么哭了？”等等。这对帮助孩子理解故事内容是非常有必要的。

在讲述的过程中，家长也许会遇到一些比较难懂的词，有些家长可能会觉得这些词孩子无法理解，于是就换成孩子能听懂的词。其实家长大可不必这样做，只需要在孩子不明白的时候，给孩子讲解一下就可以了。这个过程就是孩子积累词汇的过程。

除了需要锻炼孩子的理解能力，家长还需要帮助孩子进行逻辑能力的锻炼。家长可以让孩子按照故事的发展顺序进行复述，也可以在故事还没有讲完的时候让孩子对将要发生的事进行预测。要有逻辑地推测未来可能发生的事，孩子需要对过往的一些经验和知识进行整理加工，然后才能对未来进行推测，这个过程就是逻辑思维能力的训练。如果书里的内容，孩子已经比较熟悉了，可以引导孩子进行脱离原书内容的推测。比如“小鸭子如果没有勇敢地跳到水里，它会做什么呢？”“假如天气不好，下大雨了，花园里美丽的花会怎样？”让孩子跟着家长的提问进行更多角度的思考。在这个过程中，无论孩子的推测是否符合逻辑，家长都要给予肯定，以让他们大胆进行推理和想象。

家长把全部故事都讲完之后，就可以让孩子来完整地复述故事了。在复述的过程中，孩子也许只是东一句、西一句，家长不要着急，要耐心引导孩子。让他们反复回顾故事，故事里的逻辑关系就会在他们的大脑中越来越清晰。每次听故事的时候，孩子的关注重点也是不一样的，因此在理解上也会出现一些偏差。通过让孩子复述故事，家长能够清楚地知道，某次阅读中孩子听到了什么，理解了什么，记住了什么。只有当孩子具备了良好的逻辑能力和语言组织能力，他们才能把故事更加顺畅和完整地复述出来。

最后，家长还可以进一步对孩子进行提问，锻炼他们的创造性思维。这种练习在小学作文题中将会经常出现，那就是对某一篇文章的点评或者是续写。在这个环节，家长首先要给孩子做出示范。家长的点评和分享，也是价值观传承的过程。不过，家长的点评一定要简短。家长可以说说喜不喜欢某个故事的结局，喜不喜欢其中的人物，并不是要去讲大道理。如果家长经常在讲完一个故事的时候讲一通大道理给孩子听，时间长了孩子很可能就不喜欢这个环节了，甚至随着年龄的增长，会非常抗拒和家长一起讨论问题。

识字期阅读启蒙的方法

当孩子顺利经历了前面三个阅读阶段，在孩子4～5岁的时候，也就是进入到幼儿园中班以后，他们就开始进入识读文字的阶段了。当然，并不是每个孩子都是在4～5岁的时候进入文字识读阶段，因为每个孩子对于文字的兴趣和敏感度是不一样的。家长一定不能着急，要根据孩子的具体情况来调整伴读的方法。

表现特征

当家长按照绘本中的文字给孩子反复阅读，突然有一次没有按照原文阅读时，孩子马上做出了反应，并指出家长读得不对，这说明他们对文字开始有意识并有兴趣了。还有，很多家长有时会发现孩子突然指着一个字读出了它的正确读法，这也表明孩子开始关注文字了。

选书原则

在孩子的识字阶段刚刚开始的时候，我们要尽量为孩子选择他们熟悉的故事。不过随着他们识字量的增加，家长可以根据孩子的兴趣爱好，为他们提供更丰富的图书。

开始时，最好选图片多于文字的书，慢慢地过渡到图片和文字比例为1：1的书。

当然，所选图书的内容主题一定要是孩子感兴趣的。否则的话，即使全都是好看的图片，孩子可能也根本不会去翻阅。对孩子来说，兴趣永远是第一位的。

有些家长可能会问一个问题，要不要给孩子买同时带拼音和文字的图书来看？如果孩子还没有学习拼音，是不建议使用带拼音的图书的。孩子这个时候刚刚对汉字感兴趣，如果再接触另外一个体系的文字符号，在字音和字义的理解上容易发生混淆。

在这里，给大家推荐几本比较经典的适合这个阶段的孩子的绘本：

《菲菲生气了》

《云朵面包》

《逃家小兔》

《月亮是奶酪做的吗？》

《彩虹色的花》

《鸭子骑车记》

《鳄鱼爱上长颈鹿》

《驴小弟变石头》

陪伴技巧

一旦家长发现了孩子处于这个阅读阶段的特征，就要开始尝试新的陪读方法了。家长可以选一个孩子非常熟悉的故事来读，并且可以用手指着书上的每一个文字来读。由于孩子对故事的内容已经相当熟悉了，他们的关注点就逐渐从故事内容转移到文字的形和音的对应关系上来了。

识字期的指读一定要按照书本上的字来念，而且要反复进行，以让孩子不断加深对特定字的字形和字音的记忆。当对故事内容相当熟悉的时候，他们可以凭记忆指着文字自己读出来，这是孩子认字的起点。

音乐启蒙：用音乐激活孩子的大脑

音乐启蒙的重要性

法国文豪雨果曾经说过："开启人类智慧宝库的钥匙一共有三把，一把是数学，一把是语言，一把是音乐。"为什么雨果会把音乐同数学和语言并称为能开启智慧的三把钥匙呢？

很多心理学实验都证明，从孩子婴幼儿期起就对其进行音乐启蒙教育，不但可以使孩子受到良好的艺术熏陶，更重要的是有助于孩子感知觉、语言能力、理性思维、空间以及运动能力的提高和发展，对于孩子的身体及心灵的健康发展有着重要的作用。脑科学的研究还发现，音乐不仅可以促进大脑皮层的发育，还可以促进脑的其他部位的发育，特别是可促进联结大脑左右半球的胼胝体的发育。也即，音乐能够促进大脑不同部位的交流和沟通，能够让左右脑之间进行更多的联结，而这些活动都能更好地促进胼胝体的发展。

正是因为音乐教育如此重要，我们非常鼓励孩子从小就开始接触和学习音乐。

音乐感知能力和语言感知能力都和集中于我们大脑中的同一个区域有关，因此音乐能力和语言能力的发展过程基本是一样的。它们的早期发展都要经历聆听感知、咿呀学语、模仿输出和正常表达四个阶段。

无论是音乐学习还是语言学习，孩子都必须具备一定的听想能力。听想指的是大脑的思考过程。我们在思考问题的时候，大脑使用语言的思考是先于语言的表达的。比如，很多时候，我们表达语言之前，大脑中会先有相应的语言出现；我们在与他人沟通时，当想到对方会怎么说的时候，相应的声音也会出现在我们脑海中。这就是听想能力。听想能力是语言和音乐学习的基础条件。

	启蒙期				听想能力	学习期			创作期
	感知	咿呀学语	模仿	表达		识读	书写	仿创	创作
语言能力	听语言	学母语	模仿母语	用母语说话		文字识读	书写母语文字	模仿写作文	自主作文写作
音乐能力	听音乐	学音高、节奏	模仿音高、节奏	用音高、节奏唱旋律		乐谱识读	书写乐谱	模仿演奏乐曲	自主乐曲创编

常见的错误的音乐启蒙方法

常见错误一：学习音乐就是要学习乐器演奏

在让孩子进入正式的音乐学习之前，家长首先要明确让孩子学习音乐的目的到底是什么，是为了让孩子具备音乐感受能力，还是为了让孩子学习音乐表演能力？

音乐欣赏、音乐创作、音乐表演是人类的特殊技能。我们的大脑有专门的区域负责这些技能。

音乐启蒙和音乐教学是完全不同的。日常生活中，很多家长将正式的音乐教学当成了音乐启蒙，认为学习唱歌或者学习演奏乐器就是音乐启蒙教育。实际上，这是不对的。一个孩子没有经过音乐启蒙直接开始正式的音乐学习，会遇到很多困难。

常见错误二：过多地听有歌词的音乐

语言和音乐学习的基础是良好的听觉环境。但在日常生活中，基本上对于每个孩子来讲，语言信息摄入是远多于音乐信息摄入的，因此婴幼儿语言能力的发展总是先于音乐能力的发展。

如果在人生早期的音乐环境中出现过多的带语言的音乐，孩子的注意力将更多地集中在语言上，从而忽略对于音高和节奏的识别。

很多家长现在都在采用各种手机软件（App）为孩子营造音乐氛围，殊不知很多App提供的内容大多是不合理的，比如会提供很多不符合婴幼儿的带歌词的歌谣。

我们一定要记住，让孩子过早听带歌词的音乐，会影响其对音高和节奏的感受和识别。

常见错误三：过多地帮助孩子舞动身体

虽然音乐和语言的发展过程基本是一致的，但是在表现形式上，音乐更加丰富。

我们经常可以看到孩子在听到音乐时会不自觉地扭动身体，这是他们对音乐的本能反应。

这时，很多家长都会拉着孩子的手臂一起摇摆，甚至让孩子学着打拍子。这种做法其实并不能让孩子更好地感受节奏，反而会让孩子失去自己亲身体验节奏的机会，提前进入模仿阶段，并且很有可能永远停留在模仿阶段。这样一来，在未来的正式的音乐学习中，如果没有老师的大量示范，孩子很难自己找到准确的大节奏和小节拍。

律动感和节奏感是每个人自身的感觉。没有亲身体会，依靠成年人的帮助来完成相关的动作，会导致儿童失去对律动和节奏的主控能力。

常见错误四：过早或过多使用音乐玩教具

很多家庭都会为婴幼儿准备一些简单的音乐玩教具，比如沙锤、铃鼓、小鼓等。这些玩教具在孩子的日常视听觉训练中是非常重要的。但在早期的音乐启蒙中，我们并不建议过多或过早使用这类玩教具，否则会分散孩子对音高和节奏的识别。

音乐玩具或教具，更适合在孩子完成最基础的启蒙后介入使用。每个孩子完成音高和节奏的启蒙时间是不一样的。一般来讲，一旦儿童可以把控好自己的声音和身体的运动，准确地复现音高和节奏的时候，音乐玩教具就可以大量进入他们的生活和游戏了。

常见错误五：过度纠正孩子的错误模仿

婴幼儿的学习过程，是一个探索的过程，更是一个不断纠错的过程。他们会自然而然地进入到模仿阶段。在这个阶段来临的时候，他们要自己进行各种比较，总结经验。这个过程中，家长若不断地纠正孩子的错误，孩子其实是没有办法进行高质量的模仿的，同时自信心也会受挫。正确的做法是让孩子自己去感受，去纠正。

如何进行音乐启蒙

婴幼儿的音乐能力的发展基本可分为聆听期、模仿期和转化期三个阶段。每个阶段，孩子对音高、节奏的感受都是不同的。

可以这么说，家长什么时候为孩子提供良好的音乐环境，孩子就将从什么时候开始进入聆听期。进入聆听期越早，孩子后期音乐能力的发展空间将越大。一般来讲，孩子音乐能力的启蒙最晚会在孩子6～7岁基本结束。此后，孩子就可以进入正式的音乐学习阶段了。

聆听期

聆听期一般会持续18个月左右。这和婴幼儿学习语言时，从咿呀学语到模仿说话的时间进程基本是一致的。聆听期最晚的结束时间是4岁左右。超过这个年龄，孩子语言能力和动作能力已经发展到了一定水平，这时进行聆听期的音乐启蒙会相当困难。所以，我们建议进行早期音乐启蒙的开始时间最好不要晚于2岁半，这样才能给孩子未来的18个月的音乐咿呀学语期预留足够的时间。

每个孩子所表现出来的能力会有所不同。家长在这个时候一定要耐心等待。聆听期是孩子对音乐进行全方位感受的最初阶段。无论是感受音高还是感受节奏，他们都会有各种不同的音乐表现。这些表现，有的孩子会同时出现，有的却是逐一出现。

一旦孩子能唱出一段旋律中的几个主要音符，而且已经接近标准的音高了，就标志着他可以进入下一个阶段了。

模仿期

模仿期，顾名思义，是指孩子对成年人的引导能做出有目的的模仿的阶段。此期间，孩子常有两种表现：

第一种表现是，孩子逐渐开始摆脱人生初期的绝对的“以自我为中心”。他的咿咿呀呀和扭动身体不再是完全的本能反应，而是带有了互动色彩。他的音高的复现越来越接近成年人的示范。但这个时候，孩子的模仿还不够准确。当孩子看到大人的示范时，一般不会马上模仿，而是先凝视大人的表情，然后才开始模仿。这表明他马上要进入下一个表现阶段了。

第二种表现是，孩子开始在大脑中进行音乐解码。当然，这个解码过程，我们是看不到的。这个阶段，我们将会看到，孩子开始尝试着超越自我的音乐世界，进入到更广阔的音乐世界。比如，他开始有了自己喜欢的音乐风格；他会因为熟悉的旋律而激动不已；年龄偏大的孩子会非常明确地告诉家长想听哪一首乐曲；即使是在陌生的环境中，只要听到熟悉的旋律，他也会表现得十分雀跃。

转化期

模仿期过后，孩子将开始在大脑内部进行真正的音乐能力的转化。这时，大脑开始对之前摄取的各种信息进行编码和加工，这就是大脑思维的过程。这个过程中，孩子会出现两种表现：

首先是大脑内部觉醒的表现。孩子开始意识到只有将听到的歌谣与自身的律动、呼吸相协调，才能更准确地模仿成人。

其次是身体各种机能越来越协调。基本上到了这个阶段，孩子的呼吸和全身肢体的律动会越来越协调。

需要特别提醒的是，很多年龄稍大的孩子，比如将近4岁的孩子，在家庭和幼儿园环境中已经无法避免地会接触到大量的有歌词的音乐，甚至会被安排进行相关表演。过多过早的表演会让孩子失去最初的音乐的自我创造能力。我们建议，要避免过多的以表演为目的的练习。

在音乐启蒙上，孩子在经历了聆听期、模仿期、转化期这三个阶段之后，基本上具备了音乐听想的初级能力。也就是这个时候，他们才做好了正式进行音乐学习的准备。接下来，我们要根据孩子自身的特点帮助孩子进行更高层次的技术上的提升。音高发展更快的孩子，可以进行演唱学习；节奏发展更快的孩子，可以进行舞蹈学习。

那么，什么时候是学习乐器演奏的最佳时间呢？对于这个问题，生理年龄并不是最关键的因素，音乐年龄才是决定孩子什么时候可以进行乐器学习的主要因素。孩子如果不具备感受音高和节奏的能力，很难通过身体以外的其他工具来进行音乐表达。所以提高儿童的音乐素养，不能仅仅寄希望于乐器的学习。

第五篇

家庭关系对婴幼儿的影响

家庭关系决定孩子一生的幸福

儿童早期的心理健康发展越来越被家庭、社会重视。儿童早期成长过程中心理能否健康发展，决定了其未来进入社会后个人发展的方向和幸福程度。儿童早期成长的主要环境是家庭，家庭成员的关系对儿童早期的心理发展起着非常重要的作用，良好的家庭关系对儿童早期心理健康的发展

有着重要的影响。父母关系、亲子关系、多子女关系以及隔代教养关系是四种主要的家庭内关系。

家庭中和谐的父母关系是儿童心理健康的保障与基础。父母关系是否和谐，关系到家庭氛围的和谐，关系到亲子关系的和谐，关系到多子女关系以及隔代教养关系的和谐。

亲子关系指父母与子女的关系。0～3岁这一阶段的亲子关系是儿童此后一生能否走向成功的关键。亲子关系中，父母大都处于主导地位，其教养态度的科学与否决定着亲子关系的质量，进而影响着儿童的心理发展。这一时期，亲子关系的好坏对儿童性格的形成、品质的培养、意志的磨炼、与人交往模式的建立都起着决定性的作用。

随着二胎政策的开放，多子女家庭已经越来越常见。大部分年轻父母没有与兄弟姐妹相处的经验，在多子女的抚养中，会遇到很多意想不到的问题。因此多子女之间关系的处理，成为现代家庭不得不面对的问题。

现代家庭另一个重要的家庭内关系，就是祖孙之间的隔代关系。很多家庭，儿童的教育工作落在了老人身上，于是家庭关系难免出现不和谐。祖父母与父母两代人在教育孩子的方法上存在很多分歧，从而导致家庭内部矛盾日渐突出。

父母关系对婴幼儿心理健康的影响

家庭关系中父母的关系是整个家庭关系的核心。父母关系和谐，家庭氛围和谐，就会使婴幼儿在成长中汲取幸福与美好的养分，更会使婴幼儿不断地感受父母给予的爱与力量。在这样的家庭中长大的孩子，以后不管遇到什么困难与挫折，他们都会从家庭中获得支持与力量，去面对和解决问题，也能用积极与阳光的心理状态去接受和调整内心世界。家庭是婴幼儿的生命港湾。良好的家庭关系是婴幼儿健康成长的基础。父母的关心和爱护是婴幼儿安全感、力量感的源泉。

父母关系和谐友爱可促进和谐的亲子关系的发展，可使婴幼儿活泼、开朗、大方、好学、诚实、谦逊、合群……相反，不和谐的父母关系会导致不和谐的家庭氛围，进而导致不和谐的亲子关系，使婴幼儿胆怯、自私、嫉妒、孤独、懒惰、放

任、不讲礼貌等。

另外，父母的行为模式也直接决定着婴幼儿的心理能否健康发展。

指责型父母对婴幼儿心理健康的影响

指责型父母的相处模式是，他们遇到问题时首先是情绪占上风，然后是相互指责和推卸责任。他们经常会相互指责："都是你的错，你是怎么做的事？你从来都没有做对过，我没有错。"他们经常通过争吵、指责来沟通，甚至会大打出手，暴力相向。这样的父母对婴幼儿的成长持忽略的态度，但是对孩子的要求标准却非常高，不允许孩子犯任何错误，否则就会用自己的权威来镇压孩子。在指责型父母的教养中长大的孩子内心除了恐惧不安，没有安全感，还会模仿父母的相处模式，用指责、逃避责任的方式与他人互动，甚至会使用暴力或者退缩的方式解决问题，既不利于自己又会危害社会。

讨好型父母对婴幼儿心理健康的影响

讨好型父母遇到问题时，内心的感受是"我很无助，我很渺小，我也没有办法"。他们经常会说"都是我的错，我不值得，你喜欢怎样我就怎样，没事没事"，他们总是过分和善，经常性地道歉、请求宽恕与谅解，总是让步。这样的父母对孩子的成长持溺爱的态度，在孩子成长的过程中总是顺从、替代、包办，完全以孩子为中

心，孩子想怎样就怎样。长期处于讨好型父母关系中的孩子内心感受是："我是上帝，我是一切，我可以什么都不做。"未来孩子进入社会后，挫败感会非常强，他们的自理能力极差。有一些家庭，孩子上大学都得陪读。对这样的孩子来讲，除了上学，别的一切都是父母的事情。如今我们常说的"巨婴"就是在这样的讨好型父母关系中长大的。"啃老族"也是这么成长起来的。

打岔型父母对婴幼儿心理健康的影响

打岔型父母经常漫无目的，东拉西扯，抓不住重点，头脑混乱，条理性极差。他们经常会说："我也搞不清楚怎么回事啊！"这样的父母对孩子的成长持无所谓的态度。孩子在家庭中的直接感受是没人当真在意自己，"这里根本没有我说话的地方"。并且孩子的注意力经常会被打断与干扰。未来，孩子会模仿父母的模式经常转移注意力、插嘴、打扰他人，甚至会有多动的行为。

在家庭中，如果父亲的行为模式是讨好型的模式，母亲的行为模式是打岔型的模式，那么孩子很可能会出现漫无目的、没有条理、依赖、逃避、说谎等行为。

超理智型父母对婴幼儿心理健康的影响

超理智型的父母的相处模式是，他们遇到问题时首先是理智占上风。对于家庭关系，他们固执、刻板、过于理智，与其他家庭成员严重缺少情感交流。他们经常面无表情，很少言笑，权威十足，很少谈论情感问题，与人总是处于一种疏离的状态。这样的父母对孩子的成长持严厉的态度，他们对孩子的要求有理有据，不允许有情感加入，经常用僵硬的态度面对孩子。在超理智型父母的教养中长大的孩子无法感受到父母的爱，他们不

会流露出任何情绪，内心是空虚的、隔绝的、孤独的。未来孩子会模仿父母过于理性的处事方式，对身边人缺少温暖，不会有情感交流，并且会逐渐地将自己封闭起来，让人捉摸不透，永远给人一种距离感。

和谐型父母对婴幼儿心理健康的影响

在家庭关系中，和谐的夫妻关系的沟通模式对儿童心理发展有积极的促进作用。在和谐的夫妻关系中，他们的相处模式是相互尊重、相互支持，尊重客观现实，尊重自己，同时尊重他人。和谐型父母主要的情绪表现是积极、稳定、乐观、自信等；遇到问题心平气和，泰然处之，尊重每个人的感受。在这样的家庭中成长起来的孩子，心理更积极、阳光、健康，即便未来遇到困难也会用积极、主动的态度去寻求解决方案。

亲子关系对婴幼儿心理健康的影响

亲子关系对儿童心理发展的影响会随着儿童年龄的增长有所变化。

婴儿时期，孩子依赖父母的抚养，不但需要父母喂养、照顾、保护，生理上的满足要依赖父母，而且在心理上也十分依赖父母，需要从父母那里获得安全感和信赖感。

孩子幼儿时期，父母除了要继续抚养孩子之外，还要给予孩子适当的管教，让孩子学习生活上必需的基本知识、做人的行为准则，并且还要让孩子逐渐获得管理与控制自己欲望、行为的能力。

孩子学龄期，父母要鼓励孩子与外界接触，从生活中学习；鼓励孩子向父母表达自己的意见，参与家庭讨论，参与家庭事务。

青少年时期，子女对父母的依赖减弱，关系相对疏淡，与父母将以平行的关系相处。

在和谐亲子关系的构建与发展的过程中，父母始终要注意与孩子和谐沟通，积极主动地与孩子交流，注意观察孩子的言行，了解他们的感受及成长中的困难，做孩子身心健康成长的守护者。

与母亲的关系对婴幼儿心理健康的影响

我们常常说，孩子的主要安全感来源于母亲。

活泼型的母亲与孩子形成的亲子关系非常稳定。孩子受母亲个性的影响，会发展出自信、开朗、活泼的性格，心理上将更积极、阳光、活泼、大方。

内向型的母亲在与孩子互动的过程中，往往积极交流较少，从而会影响孩子的语言发展与社会性发展。孩子往往会表现出不爱表达、不爱互动、不主动参与集体活动、对新环境适应较慢的性格特点。

抑郁与焦虑型的母亲与孩子形成的亲子关系则是非常不稳定的。孩子受母亲抑郁与焦虑情绪的影响，往往会表现得过于情绪化，或者亢奋，或者低沉抑郁，与同伴交往也会受到影响。

洁癖型的母亲，由于过于追求完美，在与孩子互动过程中，会过度干预孩子的生活，从而出现包办、替代、束缚等行为，因此会导致孩子出现自我生活能力低、自我体验感受力差、过于追求完美等性格及心理特征。

与父亲的关系对婴幼儿心理健康的影响

父亲是孩子力量感、自信心、责任感的提供者。

活跃型父亲与孩子形成的亲子关系是正向的、积极的、阳光的。得到父亲的支持，孩子会表现出自信、阳光、积极、勇敢、善于表达等性格特征。

内向型的父亲在与孩子的互动上，缺少积极沟通与表达。孩子获取的力量感不足，会出现胆小、害怕、不愿表达等行为特征。

暴力型的父亲与孩子形成的亲子关系是最糟糕的。将来，孩子会模仿父亲用暴力行为去与同伴互动，或者会出现退缩、胆小、恐惧、紧张等行为特征。

细致型的父亲在与孩子互动的过程中，过于强调细节，过于强调安全感，会导致孩子出现做事过于谨慎、胆小等行为特征。

与父母的关系对婴幼儿心理健康的影响

在家庭环境中，婴幼儿与父母形成民主型的亲子关系，在关系融洽、成员心情愉悦的家庭中，婴幼儿会感到被尊重、快乐，情绪也会更稳定。这样的孩子不会随意发脾气，能较好地控制自己的情绪；在行为表现上，由于心理压力小，所以会表现得十分开朗、好奇心强、爱探究，而较少表现出退缩与焦虑。相反，如果孩子与父母形成了不融洽的亲子关系，家庭成员之间不能和谐相处，婴幼儿的情绪变化就会比较大，消极情绪较多，常发脾气；在行为表现上，因得不到父母的关爱，总是提心吊胆怕受惩罚，或表现得急躁、暴戾、易激怒、易攻击，或表现得孤僻、冷漠、退缩，从而会形成不健全的人格。

多子女关系对婴幼儿心理健康的影响

如今，二胎政策放开了。从家庭教育的层面来讲，这将给许多家庭带来巨大挑战。很多年轻父母本身是独生子女，却要面对多子女养育的现状，这对他们来讲，无疑有许多地方需要学习。

对二胎家庭来讲，孩子之间的年龄差不同，孩子的成长也将呈现出不同的特点。家长若能对这些特点有所了解，必将避免很多教养上的难题。此部分内容是基于二胎家庭论述的，且二孩年龄在0～3岁这个年龄范围之内。

相差3岁以内的两个孩子将有一个玩伴式的成长过程

两个孩子年龄差在3岁以内的最大好处是，他们会有一个同伴式的成

长过程。两个孩子的很多教育问题会比较同频，两个孩子的互动会很顺畅，而且老大会特别愿意参与到老二的认知学习中，甚至甘愿成为老二的小老师，他会用这种模式来建立自信，来争取父母更多

的爱。而老二则完全会追随在老大身后，老大干什么他都愿意去模仿体验。需要提示的是，老大也许还是一个不到3岁的孩子，分享的意识还很模糊，不要强迫他必须和弟弟或妹妹分享玩具和食物，如果过早地强迫他分享，也许会在他内心种下“仇恨”的种子。

相差3至6岁的两个孩子将有一个榜样式的成长过程

老大通常会以榜样模式与老二互动。老大基本上已经具备了生活自理的能力，已经上幼儿园了，逐渐学会了与人分享、与人交流、与人合作。妈妈有更多的时间照顾老二。正因为这样，老大回到家里会与老二争夺妈妈的爱。妈妈等到老大放学回来，可以把更多精力放在老大身上，要让他有和妈妈独处的时间。老二的养育过程，可以邀请老大全程参与，这样，老大很容易感受到被重视，从而产生自信心、自豪感。老大因此会在老二

面前炫耀自己的本领，而且还会主动教老二呢！老二一两岁时，老大会承担一部分照顾老二的任务。等老二进入幼儿园后，老大就是老二的榜样，老二也会不断地模仿与超越老大，因此老二也会不断进取、努力。因为这个年龄差，妈妈是在老大的自我意识已经初步建立之后才有的老二。妈妈的爱被弟弟或妹妹分割了，老大会格外不舒服，格外敏感，可能会有肆意挑衅的行为，在情绪不容易控制的时候，可能会做出伤害老二的举动。所以父母要格外关注老大的感受，一定要多和老大交流、沟通。如果经济条件允许，在老二刚出生的第一年中，我们可以多给老大选择一些他心仪的玩具，分散他对父母之爱的注意力。如果不希望孩子在物质上被肆意地满足，我们可多带老大参与老二的日常养育，比如给老二换纸尿裤，跟爸爸妈妈一起给老二洗澡，但这些事情一定要在家长在场的情况下完成。千万不能让老大和老二单独在一起，即使老大非常爱自己的弟弟或妹妹，他出于好心的举动也有可能对老二造成伤害，更何况这个年龄段的孩子发起脾气来是控制不了自己的行为的。

相差6至10岁的两个孩子将有一个教练式的成长过程

对于孩子来说，老大差不多要上小学了才有弟弟或妹妹，接受起来更容易，而且他们更容易成为老二的“教练”。这时，老大的注意力已经从父母身上转移到伙伴身上了。即使家里没有老二，老大也不再是只依赖父母的小孩子了，他有了自己的小圈子，有更多感受，开始愿意和朋友分享。妈妈这个时候可以全心全意把主要精力放在第二个孩子第一年的养育中。但要注意的是，老大放学回家后，作业繁重，父母一定要分工合作，必须有一个人陪伴老大。小学低年级是孩子学习习惯的最佳培养期，一旦错过，会影响孩子终生。这时，老大的自我生活能力已经很强，学习之余参与家务劳动的能力和自主性也更强。这时，照顾弟弟或妹妹对老大来说更像照顾一个自己喜欢的小宠物，这会增加他的责任心，也会让他感受到自己成长过程中父母的不容易。和老大单独在一起的时候，可以和他一起回忆他像弟弟或妹妹一样大的时候经历的有趣的事情，这样可以激发老大的爱心，让他更好地参与到老二的养育中。不过，年龄差接近10岁的话，老大和老二的共同语言明显很少，但老大会像教练一样帮助老二。老二更容易被全家人宠爱，特别是来自哥哥或姐姐的宠爱。家长要注意的是，不要因此而让老二有太多的优越感和独占感。

相差10岁以上的两个孩子将有一个家长式的成长过程

有这个年龄差的两个孩子可能会有代沟了，很多老大小时候的玩具、物品已经不能再重复使用了。老大基本上不会怪罪父母多生了一个弟弟或妹妹，抢夺了他的爱。老大会越来越像家长一样与老二互动，帮助妈妈教育老二。老二内心也许会认为自己被“三个家长”宠着、爱着，个性更容易张扬、反叛。

隔代教养关系对婴幼儿心理健康的影响

很多家庭都是老人在养育孩子，于是不可避免地出现了一些问题，主要原因是老人养育孩子的方法与年轻父母养育孩子的方法有很大的出入，这直接导致了家庭矛盾的出现。

隔代教养关系的主要矛盾

矛盾一：溺爱问题

隔代教养关系的主要矛盾之一是溺爱的问题。大部分老人会溺爱孩子，究其原因大约有两点：

第一是补偿心理。曾经因为自己太忙碌，老人没有时间和精力去感受自己孩子成长的每一个阶段，忽略了自己孩子的成长，所以现在要把所有的好都加在隔辈的孩子身上。

第二是讨好心理。很多老人会想，我如果不对这个孩子足够好，我的儿媳妇或者女婿会不会觉得我不够好？为了搞好关系，为了让他们看到我做得很好，我必须对这个孩子百依百顺，他想怎么样就怎么样。其实，很多老人养自己的孩子的时候要求很严格，但是面对隔辈的孩子时，他们就没有了要求。

矛盾二：喂养矛盾

很多老人自认为养过孩子，有很多实践经验，而年轻的父母知识结构更新了，知道更多的科学道理，这难免导致喂养模式上的冲突，从而带来一些隔阂和矛盾。

这实际上是现在的喂养模式和过去的喂养模式的矛盾。比如，现在不建议6个月甚至1岁之前的孩子吃盐，可是老人会给孩子吃盐，这就是一个非常普遍的矛盾点。

矛盾三：教育矛盾

一个家庭在教育孩子方面，若家庭成员都想做主，那么难免产生矛盾。比如，孩子要骑在奶奶的脖子上，奶奶没异议，妈妈认为这样不可以；孩子自己摔倒了，妈妈要让他自己站起来，奶奶认为不成，要抱他起来……这样慢慢地就会产生很多矛盾。

如何做才能让隔代教养做得更好

隔代养育有不好的一面，也有好的一面，比如可以帮助年轻父母减轻负担，但同时也可能带来一些家庭矛盾，甚至让孩子形成一些不良的行为习惯。如何权衡利弊，就需要我们多动动脑筋了。

分清界限，不越权，不埋怨

事先一定要分好工，把角色分清楚，以后尽量不越界。喂养方面，老人要配合年轻父母，以年轻父母为主。老人要配合好，在年轻父母不在家的时候，保证孩子安全、健康、饮食不愁等就可以了。现在，很多年轻父母自己不带孩子，孩子出现这样那样的问题后则抱怨连连。不管对谁来讲，与其整天抱怨，不如先反省自己，如果自己不带孩子，就不要责怪他人。

不要强求彼此改变

无论是年轻的父母还是老人，每一个人的成长都深受原生家庭影响，因此每个人的个性都不一样，所以大家要互相包容、互相宽容，而不是强求对方改变或做出让步。年轻父母和老人要在互相尊重的前提下达成一致——对孩子的教育达成一致。我们不要试图去改变任何人。

给孩子营造和谐、幸福的家庭氛围

年轻的爸爸妈妈要尊敬老人。人与人相处首先要做到的是尊重，年轻的父母一定要孝顺老人，老人也要尊重年轻父母，尤其是在孩子面前。其实，很多时候误会来自沟通不畅，双方都在自以为是。为什么不能把所有的话拿到桌面上来说呢？当家里要迎来宝宝的时候，全家人开个会，分一下工，教育归父母，养育要老人帮忙，这样达成一致，家庭就不会乱了。

专家推荐

《0～3岁婴幼儿早期教育指南》按月龄指导新手父母科学育儿，内容严谨、形式新颖，是90后家长育儿的好帮手！

——中国妇幼保健协会会长　陈资全

0～3岁是奠定孩子一生健康的关键时期。这一阶段，不仅要保证孩子的营养需求，还要注意孩子早期综合能力的发展。《0～3岁婴幼儿早期教育指南》根据0～3岁婴幼儿早期发展特点，以运动、语言、社会性和情绪发展为主线，按月龄为新手父母提供易学、易操作的家庭早教指导，是每位家长的育儿好帮手！

——著名育儿专家　张思莱

1973年，洛伦兹的关键期理论获得诺贝尔生理学或医学奖，给世人很大震撼。3年后，两个美国人将其应用于实践，创建了世界上第一家早教中心。如今，早期教育理念日益深入人心。及早施以恰当的早期教育，科学引导孩子健康成长是家长义不容辞的责任。

——北京师范大学幼儿教育专家　钱志亮

早期教育需要理论、经验、技巧等多方面的支持。本书作者团队具备这样的能力，家长可放心使用，孩子必将切实获益。

——中国教育科学研究院研究员　储朝晖

婴幼儿时期的养育应是爱与自由的给予。科学的早期教育是人类社会幸福与活力之源。

——北京市陈鹤琴教育思想研究会副理事长　柯小卫

《0～3岁婴幼儿早期教育指南》一书，提供了最新的育儿理论，对家庭教育实践有极强指导意义，无疑将会帮助到更多的新手父母。

——苏州大学儿科研究所副所长　古桂雄

生命最初的1000天对孩子一生的成长都极为重要。0～3岁是孩子生长发育最关键的时期，因而也是早期教育最关键的时期。《0～3岁婴幼儿早期教育指南》为孩子的成长提供了非常专业的指导，将成为家长育儿和老师提升专业能力的助力工具书。

——新浪育儿主编　黄晓莉

孩子的健康成长是每个家庭幸福的源泉，也是母婴媒体从业者的希望。0～3岁的早期教育将帮助孩子奠定人生成功发展的基础。《0～3岁婴幼儿早期教育指南》能帮助家长更精准地知晓孩子各方面的变化和成长，解决早期教育中的常见问题。

——妈妈网创始人　杨刚

《0～3岁婴幼儿早期教育指南》一书，将权威的科学理论与作者丰富的一线实践经验完美结合在一起，把儿童早期教育融入早教游戏和日常亲子活动中，易懂、易学、易操作，是新手父母的最佳帮手。

——达因药业集团总裁　杨杰

在新生儿健康成长的过程中，运动、语言、社会性、情绪四方面的培养不可小觑。本书的优势在于对科学性的把控、篇章的划分和重点的突出，并且搭配生动的图片对疑点难点进行说明，父母更容易理解，可信度与经验性强。添加游戏视频和AI技术的运用，让父母能更直观了解孩子的成长。

——北京大学医学部医学博士　何海云

我们欣喜地看到，越来越多的年轻父母开始重视孩子的早期教育，越来越多的婴幼儿照护机构更加注重教师婴幼儿综合发展专业知识及科学育儿方法的培训。本书结合了婴幼儿发展领域严谨的理论研究与丰富的实践经验，堪称行业教科书，一定可以让家长及从业人员受益匪浅。

——广东省早期教育行业协会会长　孙伟文

《0～3岁婴幼儿早期教育指南》专科书籍的问世，为广大医教工作者、教育工作者、中国父母带来了福音。它是集护理、养育、健康教育为一体的专业书籍。让宝宝健康发展，给宝宝最好的爱就是给他最好的教育。而婴幼儿认知发展是早期心理发展的重要部分，重视孩子的认知发展非常重要和有意义。该书操作易懂，不愧是大家的好帮手。

——上海市人口早期发展协会指导总监　支佩华

0～3岁是儿童大脑发育的关键期，也是儿童早期教育的最佳时期，《0～3岁婴幼儿早期教育指南》这本书能帮助父母在家里做好早期教育，也可以成为广大从业者的一本随身工具书。

——微信公众号“喵姐早教说”创始人　高寿岩

0～3岁是孩子成长的黄金阶段，而国内无论是家庭还是托育机构还处于重照料轻教育的阶段。强烈推荐家有3岁前宝宝的家长和同行阅读这本专业书籍，让每个孩子都拥有一个最好的人生开端，让每个孩子都有机会充分发掘自身潜能。

——金宝贝国际幼儿园创始人 吴心锋

王老师是早期教育领域的泰斗级专家。她主编的这本《0～3岁婴幼儿早期教育指南》能让更多的家长了解孩子早期发展的特点，学会科学的早教方法。普及科学的早教理念对全社会意义重大，对每一个家庭更是影响深远。

——小步在家早教创始人 彭琳琳

同样是陪伴，高质量地打磨时光会在开心玩耍的过程中激发孩子的潜能并让其收获智慧；同样是长大，被正确的爱和表达方式滋养过的生命，注定会开出独一无二的花。《0～3岁婴幼儿早期教育指南》将教会天下父母科学育儿。

——中国幼儿教育家协会副秘书长　国璇

0～3岁是孩子一生最重要的时期。如何做好早期教育，让父母放心，让孩子可以得到科学的养育十分重要。同时，广大的早幼教从业者也需要更好地提升自己的专业能力。《0～3岁婴幼儿早期教育指南》是一本父母必备的育儿宝典，也是每一个幼教行业的从业者不可或缺的工具书，值得大家收藏！

——微信公众号“常青藤爸爸”创始人　黄任

孩子的早期教育将影响孩子的一生。如何进行科学系统的早期教育，是很多包括我在内的新手父母的烦恼。本书系统地讲解了0～3岁婴幼儿每个阶段的发展特点和对应的早教方式方法，无疑将成为新手父母的操作指南。

——大V店创始人兼CEO　吴方华

0岁孩子的新手父母也是0岁父母，面对各种养育问题，需要一点一点从零学习。现在，越来越多的父母意识到亲职教育的重要性，这套书将是年轻父母最好的学习工具。

——有养创始人　周洲

我们一直在倡导优质陪伴、科学养育，做好宝宝的早期教育，关注下一代的心理引导。但何谓“科学”，这是一个既大且深并智者见智的课题。《0～3岁婴幼儿早期教育指南》是王书荃老师领衔数十位早教专家精心打磨的精品，本书科学、系统地解答了新手家长的种种困惑，深入浅出地将方法论与实践相结合，值得拥有。能够预见，这本书或将成为年轻家庭的育儿宝典。

——辣妈帮联合创始人兼总裁　王安静

这本书结合了权威专家的儿童健康理念、易实操的早教游戏、方便的手机视频教学，可让每一个宝宝充分发挥潜能。少年强则中国强，教育要趁早！

——半米·线上孕妇/育儿学校创始人　田敬

对0～3岁孩子的培养将影响他们一辈子！希望更多家庭能接受更专业的早期教育。《0～3岁婴幼儿早期教育指南》把很多早教老师需要学习的内容，简化成了通俗易懂的文字，可让更多家庭受益。王书荃老师在儿童教育领域深耕多年，这是本书能够得到认可的保障。希望更多的家长认真研读本书，继而帮助宝宝健康成长。

——运动宝贝教育集团CEO　陈芸

贝多芬曾说："我不知道有什么比教养一个孩子成人更神圣的职责了。"每一位从事婴幼儿早期教育的工作者都是伟大的。《0～3岁婴幼儿早期教育指南》系统、全面、专业地阐述了早期教育的方法，对家长、早教从业者乃至整个早教行业的发展都具有重要的意义，值得拥有。

——NYC纽约国际早教创始人　Frank

王书荃老师领衔主编的《0～3岁婴幼儿早期教育指南》为想了解人之初奥秘的你和我开启了一扇门！让书中的知识和经验像光一样照亮我们的世界。

——京学教育集团CEO/爱尔福婴幼中心创始人　李敬

0～3岁的早期教育影响着每个孩子的生命品质。每一个参与婴幼儿早期教育的人都应学习系统的科学育儿知识。早期教育涉及的学科知识极其广泛，具体包括心理学、医学、教育学、营养学、运动学等。这本《0～3岁婴幼儿早期教育指南》简单实用，是新手父母和早期教育工作者的必备书籍。

——纽诺教育创始人　王荣辉

0～6岁是一个人各种能力发展的关键期，其中0～3岁这3年更是重中之重。抓住了0～3岁的关键期，你将收获一个更加健康、快乐、聪明的宝宝。

——绿橙教育创始人　杨芸

0～3岁是人生幸福的基石，其重要性不言而喻。养育、抚育孩子的道路上困难重重，新手父母如何破解育儿难题，如何设立正确的教育目标并因势利导对孩子进行有效的教导，是当下父母的必修课。本书将带广大父母打开婴幼儿早期教育的秘密之门，让父母更加了解孩子，让启蒙教育变得明明白白、更容易上手。同时，家庭关系中越早建立良好的亲子关系对孩子成长越有利。育己育人，好父母造就幸福的孩子，这应该是全天下所有父母的期望！

——MoreCare茂楷联合创始人COO　吕斯文

0～3岁是每个人一生的关键期，只有在关键期充分成长，才能有更美好的未来。《0～3岁婴幼儿早期教育指南》不仅能让家长更好地了解不同阶段孩子成长的特点及需求，对于早教行业来说，也是非常有指导意义的婴幼儿教养指导材料。

——Enwise（英维思）教育集团CEO　Steve Shang

《0～3岁婴幼儿早期教育指南》按月讲解婴幼儿发育特点，同时详细讲解了家庭关系对婴幼儿的影响。希望所有家长在这本书的帮助下，都能发现孩子的天赋，给孩子适合的教育，在孩子心中种下爱与快乐的种子！

——A索国际教育集团创始人　李汶徽

俗话说："三岁看大，七岁看老。"早期教育对人一生的发展起着至关重要的作用。《0～3岁婴幼儿早期教育指南》将教会你如何做一个有智慧的家长。

——盛龙教育传媒董事长　董倩

《0～3岁婴幼儿早期教育指南》将让广大新手父母更了解婴幼儿的发展发育特点，从而能采取更科学有效的养育措施，养出更优秀的孩子。

——爱乐祺国际早教中心创始人　陈靖

0～3岁婴幼儿时期是一个人潜能发展的最关键时期。这本书既有权威的科学理论，也有一线实践经验总结，不管对早教机构从业者来讲，还是对新手父母来讲，都是不可多得的实践指导。

——科学队长创始人　纪中展

孩子在成长发育过程中，大约50%的智力发展是在从出生到3～4岁这段时间内完成的。在这个阶段，科学的思维刺激将有助于儿童智力发展。《0～3岁婴幼儿早期教育指南》根据孩子不同发展阶段的特点，浅显易懂地帮助新手父母科学育儿，是家庭育儿不可或缺的早教实践指南。

——鲸智学程创始人　郑怡

伴随着孩子的第一声啼哭，我们在享受为人父母的喜悦的同时，也需要学习如何成为一个合格的父母。0～3岁是孩子各种能力养成的关键时期！我们应该学习更多的科学的育儿知识，陪伴孩子成长。本书非常详细地解释了孩子在0～3岁期间不同成长阶段的发育特点，具有非常实际的指导意义，值得一读！

——微早教创始人　杨志民

给孩子最美好的人生开端首先要了解他、读懂他。本书深入浅出地将婴幼儿早期教育的重要性、孩子各个月龄段的生长发育特点及家庭关系对婴幼儿成长的重要性做了详细的讲解，是家庭育儿的必备工具，也是早幼教机构从业者必备的教科书。希望这本书能够给予家长、老师启发和帮助，从而让更多的婴幼儿受益！

——适爱创始人/CEO　苗露

玩出大能力

0~3岁婴幼儿早期运动发展指南

《玩出大能力》

作者：戴耀华　王书荃　王小萍　陈宝英

定价：79.00元

书号：9787512717787

- 婴幼儿运动能力发展家庭指导百科全书
- 中国妇幼保健协会力荐
- 陈宝英、王书荃 、戴耀华、王小萍领衔近百位儿童早期发展专家倾力打造
- 在宝宝各种大动作能力及精细动作能力发展的关键期，给宝宝提供合适的早期运动启蒙指导和成长模式

中国优生优育协会

协会简介

中国优生优育协会，是在邓小平等老一辈革命家亲自倡议和推动下，由原国家卫生部和解放军总后勤部牵头发起，中共中央宣传部、国家计生委、教育部、全国总工会、共青团中央、全国妇联、中国残联、北京市政府等“八部委（机构）”共同创建，经国务院批准和民政部注册登记的全国性、行业性、非营利性社会组织，于1989年4月25日在北京人民大会堂正式成立。

协会设有权威性强、覆盖面广、影响力大的专家委员会，设有20余个专业委员会，涉及生物遗传、孕育与生殖、胚胎发育与出生缺陷防控、胎教早教与婴幼儿脑潜能开发、母乳喂养与母婴营养、儿童眼病口腔病及罕见病防治、儿童特殊教育及中医保健、儿童心理教育和易学启蒙、儿童事故预防等专业领域。着眼事业需要和实施“摇篮工程”计划，协会还先后建立了一批全国及地方性的科研教育基地和指导服务中心，涉及孕育养生、胎婴儿脑发育、小儿营养、小儿脑瘫干细胞移植技术治疗、儿童骨骼健康、虚拟生物技术与儿童视觉智力发展、婴幼儿口腔与眼健康、婴幼儿汉字教育、儿童计算机信息技术学习、健康人格培养、“科学育儿革命”方法、母子亲情关爱互动、妇儿意外伤害预防、生殖健康教育和育婴指导师培训等方面。

建会30年来，在党和政府的领导下，在老一辈革命家、党政军领导人的亲切关怀和社会各界大力支持下，协会围绕贯彻党和国家战略，以提高新生人口素质为目标，以科学孕育哺育教育为主线，以大科普大协作大平台为手段，军地携手共同努力，培育了一组优生优育优教各领域的优势学科群，聚集了一支院士领衔、名医支撑、骨干参与的高素质专家队伍，开辟了一个遍布全国、覆盖行业、深入基层的工作指导和服务体系，建立了一批实力雄厚、成果丰硕、发展强劲的战略合作伙伴和科技研发基地，形成了一套要素齐全、实在管用、运转顺畅的制度机制，协助党和政府强力推进我国优生优育优教事业，谱写了提升人口素质、服务人才强国的壮丽篇章。

三十而立起宏图，勿忘初心振雄风。在国家卫健委和民政部的领导指导下，2019年6月23日成功召开第四次全国会员代表大会，依法产生了新一届理事会和工作班子，中国优生优育协会正以崭新姿态和铿锵步伐迈进新时代。面对新形势新任务新要求，我们要在习近平新时代中国特色社会主义思想指引下，把握“坚持党的领导，贯彻国家战略，服务社会大众，贡献民族未来”的前进方向，落实“为民办会、事业立会、品牌兴会、依法治会”的总体思路，坚持“事业为本、服务为纲、协作为要、奉献为乐”的核心价值，突出“服务政府、服务学界、服务大众、服务产业”的工作重点，科学编制和有效实施《中国优生优育协会建设发展规划2020－2030》，用强机构、创品牌、谋服务、厚实力、炼机制的新业绩，勇敢担当起为祖国未来育苗、为民族复兴强基、为子孙后代造福的历史重任，不断做出“中优人”的新贡献，不断续写“中优协”的新辉煌！

中国优生优育协会第四届领导班子

一、会长

戴旭光

二、副会长

吕贞臻　成家树　王松俊　明　鉴　陆　林　黄荷凤　陈子江
段　涛　廖秦平　叶秀峰　陈荔丽　邵立功　卞雪莲

三、秘书长及副秘书长

钟后宣　陈明清　王宁宁　吕　婧

地址：北京市海淀区北四环西路甲2号 辽宁大厦24层
联系电话：010-65125618　010-65125317